Beck'sche Reihe
BsR 604
Autorenbücher

Ilse Aichingers 1948 erschienenen einzigen Roman ‚Die größere Hoffnung' nannte Walter Jens „die einzige Antwort von Rang, die unsere Literatur der jüngsten Vergangenheit gegeben hat". Dennoch ist gerade dieses bedeutende Erstlingswerk auch heute noch „ein Buch, das geduldig auf seine Leser wartet" (Peter Härtling). Die Frage, warum dieser Roman zu keiner Zeit die ihm gebührende Resonanz gefunden hat, macht Gisela Lindemann zum Ausgangspunkt ihres Versuchs über das Werk der Ilse Aichinger. Der Auseinandersetzung mit dem Roman, seiner Zeitgenossenschaft und seinen Kritikern schließt sich im zweiten Teil eine Skizze des weiteren literarischen Weges der Autorin an, der sich als ein Weg unausweichlich fortschreitender Reduktion erweist.

Gisela Lindemann ist Literatur-Redakteurin beim Norddeutschen Rundfunk.

GISELA LINDEMANN

Ilse Aichinger

Marianne
herzlich zugeeignet
von Gisela

Berlin, am 29.2.88

VERLAG C.H.BECK MÜNCHEN

Für Thomas,
den Erben der Erbin

Originalausgabe
ISBN 3 406 32276 X

Umschlagentwurf: Uwe Göbel, München
Umschlagbild: Brigitte Vater, Unterföhring

Gesamtherstellung: Georg Appl, Wemding
Printed in Germany

Inhalt

Reden im schalltoten Raum
Über den Roman „Die größere Hoffnung“

Ein Roman in seiner historischen Umgebung 7

Ein Roman in seiner literarischen Umgebung 25

„Die größere Hoffnung“ als Komposition 35

Auf der Suche nach dem Urtext
Schreiben als fortschreitende Reduktion

Die Erzählungen, Dialoge und Hörspiele 71

Die Gedichte 96

Lebensdaten 109

Werkverzeichnis 112

Reden im schalltoten Raum
Über den Roman „Die größere Hoffnung“

Ein Roman in seiner historischen Umgebung

> Inmitten der Ruinen schreiben die Deutschen einander Karten von den Kirchen und Marktplätzen, den öffentlichen Gebäuden und Brücken, die es gar nicht mehr gibt.
> *(Hannah Arendt, Bericht über Deutschland, 1950)*

Bei einem Symposion in Wien im November 1980 zum Werk der damals neunundfünfzigjährigen Schriftstellerin Ilse Aichinger, die ebendort, als Tochter einer von ihrem nichtjüdischen Mann geschiedenen jüdischen Ärztin, zusammen mit der Mutter Hitlers Terrorregime überlebt hat (die Großmutter, bei der sie als Kind einer berufstätigen Mutter aufwuchs, wurde unter ihren Augen auf einem menschenüberfüllten Lastwagen abtransportiert) – bei diesem Symposion in Wien in Gegenwart der Autorin warf einer der Mitwirkenden, der Schriftsteller Peter Härtling, die Frage auf, warum ihr 1948 erschienener einziger Roman „Die größere Hoffnung“, das erste Buch der sechsundzwanzigjährigen Autorin, nicht die ihm gebührende Aufnahme gefunden habe: nicht damals, aber auch später nicht.

Das ist eine Frage von größter Reichweite, und nicht nur für Ilse Aichingers Roman „Die größere Hoffnung“: diese Geschichte von dem halbwüchsigen Mädchen Ellen, das nicht genügend „falsche“ Großeltern hatte, um den Judenstern tragen zu dürfen und so doch wenigstens, nach der Flucht der

Mutter, in der Gruppe der Ausgestoßenen heimisch zu sein, im Kreis der tagtäglich von der Deportation bedrohten, in einer nicht beim Namen genannten österreichischen Großstadt streunenden Judenkinder.

Die Frage reicht, genauer betrachtet, weit über diesen Roman hinaus und läßt sich, beinahe unberührt von der legendären Berühmtheit dieser mit vielen Literaturpreisen ausgezeichneten Autorin, an ihr ganzes Werk stellen. Es ist eine Frage, die, auch über die Antworten hinaus, die Peter Härtling in Wien auf „Die größere Hoffnung" bezogen zu geben versucht hat, virulent bleibt in einem allgemeineren Sinne: als Frage an den Umgang der Leser und Rezensenten mit einem Werk wie diesem.

Ich kenne kaum einen zeitgenössischen deutschsprachigen Autor, der, wie Ilse Aichinger, so sehr einerseits die schrankenlose Bewunderung der Kenner und Eingeweihten genießt und andererseits derartig extrem der aggressiven Ungeduld der durchaus Interessierten, aber mit dem Werk noch wenig Vertrauten ausgesetzt ist und deren oft geradezu übergriffartiger Zudringlichkeit – bis hin zu der Aufforderung nach einer öffentlichen Lesung, sie möge doch bitte mal erklären, was sie da eben gelesen habe. In der Mitte zwischen diesen beiden Extremen gibt es, bei Lesern und auch bei Rezensenten, eine ganze Skala des inneren Widerstands, von vorsichtiger Skepsis bis zum unverhohlenen Vorwurf der Weltflucht, der Weltfremdheit.

Das hat mit vielerlei zu tun, und auch in den Extremfällen durchaus nicht nur mit jener Unart, derzufolge mancher Hörer öffentlicher Lesungen den Anspruch erhebt, ein Autor habe ihn gefälligst handlich zu bedienen, dafür werde er schließlich bezahlt (wie hoch und von wem eigentlich und wie oft und in welcher Weise, das wird dann meist nicht mehr mitgedacht). Doch darf dieser törichte Anspruch hier vielleicht vernachlässigt werden, da er zwar etwas mit dem Zustand unserer Gesellschaft, aber nur indirekt etwas mit den Arbeiten von Ilse Aichinger zu tun hat. Nicht vernachlässigt werden dürfen dagegen die Ursachen und Gründe solcher gespaltenen Aufnahme eines Werkes, das sie ja offenbar auch provoziert.

Solchen Ursachen und Gründen soll in dieser Studie nachgegangen werden, doch nicht thematisch, sondern sozusagen im Subtext auf dem Weg durch das Werk und die öffentliche Resonanz, die es erfahren oder vielmehr nicht in zureichendem Maße erfahren hat.

Peter Härtling hat seine Frage mit drei Thesen zu beantworten versucht, nachdem er zunächst wie folgt von der Genese und den äußeren Umständen der Veröffentlichung des Romans „Die größere Hoffnung" berichtet hatte:

In seinem Erinnerungsbuch „Bedroht – bewahrt" erzählt der Verleger Gottfried Bermann Fischer, wie er 1947 in Wien – er war aus dem amerikanischen Exil in das verwüstete Europa zurückgekehrt – Ilse Aichinger kennenlernte:

„Eines Tages meldete sich bei uns, auf Empfehlung des Kritikers und Journalisten Hans Weigel, ein bildschönes, dunkelhaariges Mädchen, krampfhaft ein Papierbündel unter dem Arm haltend. [...] Es war Ilse Aichinger mit ihrem Roman ‚Die größere Hoffnung', den sie, fast noch ein Kind, in den vergangenen Leidensjahren geschrieben hatte. Wir lasen ihn, fasziniert, noch am gleichen Tag. [...] Ihr Buch erschien bald darauf als eine der ersten Publikationen des Wiener Verlages [...]."

So beginnt, 1948, die vertrackte Geschichte eines Buches. Ich bin mir nicht sicher, ob man überhaupt von einer „Wirkungsgeschichte" sprechen kann, eher vielleicht von einer dauerhaften, aber beinahe schon subversiven Gegenwärtigkeit. Die Verbreitung der ersten Auflage war ohne Zweifel schwierig. Das Buch erschien, kaum drei Jahre nach Kriegsende, in Wien, doch als Sitz des Verlages war Amsterdam angegeben. Da schlägt noch die böse Vergangenheit durch: Wien war 1936 für Bermann Fischer die erste Station auf der Flucht vor Hitler gewesen, und nach Amsterdam wurde die Verlagszentrale 1948 verlegt, als es sich erwies, daß Stockholm, wo ein Teil des Verlags während des Krieges Zuflucht gefunden hatte, für den neuen Anfang zu weit entfernt lag. Unmittelbar hat das alles nicht mit dem ersten Buch Ilse Aichingers zu tun. Und dennoch finden hier ein Verlag und eine Autorin zusammen, die sich verbunden fühlen müssen. Beide über zwölf Jahre hinweg Gefährdete, kundig in den Ängsten der Verfolgung. Beide davon gezeichnet. In der Geschichte des Verlags spiegelt sich das ebenso wider wie in der Fabel des Romans.

Es war ein zwiefacher Beginn, wie er kaum einleuchtender zu denken ist.

Diesem Bericht folgten die drei Thesen, die ich hier verkürzt, das heißt, aller sonst noch von Härtling angestellten Erwägungen entkleidet, zitiere.

These eins:

Alle Fragen lassen sich mit einer schlichten und geradezu verrückten Begründung beantworten: Ilse Aichinger fiel sich gleichsam selbst ins Wort, stellte sich ihrem Roman mit einem nun in der Tat unvergleichlichen Prosastück selber in den Weg: der „Spiegelgeschichte". Auf sie gründet sich ihr Ruhm. Mit ihr ist sie da, ihre Stimme. 1952, also vier Jahre nach Erscheinen der „Größeren Hoffnung", liest sie in Niendorf der Gruppe 47 ihre Geschichte vor. Sie überrumpelt ihre fachkundigen Zuhörer so sehr, daß die sich gar nicht erst kritisch auslassen, sondern einfach applaudieren. Und sie wird, nach Heinrich Böll und Günter Eich, zum dritten Preisträger der Gruppe gewählt. Das Aufsehen ist groß, die „Spiegelgeschichte" wird zum Muster einer neuen Erzählkunst erklärt. Hans Georg Brenner schreibt in der Zeitschrift ‚Die Literatur' am 1.6. 1952: „Ihre ‚Spiegelgeschichte', der rückwärtige Ablauf eines Mädchenlebens, in dessen Spiegelschau Tod und Geburt eins werden, ist vielleicht die seltsamste, zarteste deutsche Prosa der Nachkriegszeit, ein unheimlich vibrierendes Geheimnis, das sich keusch verhüllt." Er gibt, pathetisch zugeneigt, den Ton an, der den weiteren Umgang mit den Erzählungen Ilse Aichingers bestimmen wird. Er verdeckt viel. Er nimmt vor allem die Zeit aus, in der die Geschichte entstand. Brenner war ein zu kluger Kritiker und ein zu kenntnisreicher Lektor, als daß er es nicht wissentlich getan hätte. Er spielte bewußt den Irrationalismus dieser Prosa gegen den oft rüden Realismus der sogenannten „Kahlschlag"-Literatur aus. Und er leitet, wiederum ohne es zu wollen, eine poetische Fluchtbewegung ein, die kennzeichnend ist für den restaurativen Geist der Adenauer-Epoche. Dabei scheint er allerdings, wie viele, den sanften und energischen Widerstand der Aichingerschen Prosa mißverstanden zu haben.

Im übrigen, um auf die „Größere Hoffnung" zurückzukommen, wurde der Roman im Zusammenhang mit dem Preis nur selten und peripher erwähnt, als ein Werk, das „nur einem kleinen literarisch interessierten Publikum bekannt" sei. Das Buch paßte nun ganz und gar nicht mehr ins Bild, das man sich machen wollte.

These zwei:

Natürlich entdeckten Kritiker im Lauf der Jahre den Roman wieder. Es fragt sich, ob zu seinem Nutzen. Es genügt ein Beispiel, um vorzuführen, welche Verwirrung und Verheerung gutwillige Interpretationen anrichten können.

1963 schrieb Werner Weber für den von Klaus Nonnenmann herausgegebenen Band „Schriftsteller der Gegenwart" einen Aufsatz über Ilse Aichinger und ihr Werk. Nicht zuletzt ihm – der als Redakteur an der ‚Neuen Zürcher Zeitung' damals die deutsche Literatur ohnedies mit großer Anteilnahme beobachtete und vorstellte – ist es zu verdanken, daß „Die größere Hoffnung" von neuem angemessene Aufmerksamkeit fand. Weber stellt das Buch prononciert in den Vordergrund. Doch er erläutert es nicht, sondern antwortet ihm in dunklen, verwischenden Bildern. [...]

Das hört sich so an: „So ist in der Erzählweise Ilse Aichingers der Tag in den Traum und der Traum in den Tag verhängt. Die Seele spendet vielsagende Bilder in den Vorrat der Erfahrung. Die Wirklichkeit ist in leise Drehung versetzt; Abbild löst sich ins Inbild und löst sich wieder heraus. Es ist die Geste suchenden Wiederholens in einem Dasein zwischen Verrat und Verkündigung –".

Es ist kennzeichnend für die Interpretationen der späten fünfziger und frühen sechziger Jahre, nach Zeitlosigkeit zu suchen, für Überhöhung zu sorgen. Dem sich steigernden Konsumdenken entsprach ein die Wirklichkeit ausschlagender Ästhetizismus. Die schmutzige oder anrüchige Herkunft aus der Geschichte wurde in vermeintlicher Schönheit aufgelöst.

These drei:

Mitte der sechziger Jahre nahm die Literaturtheorie überhand und Texte wurden zu Vorwänden für ideologische Exkurse. Ich bestreite nicht, daß solche Erkundungen nach den wolkigen, die Zeit ausschlagenden Exegesen der Nachkriegsjahre notwendig waren. Aber sie verselbständigten sich. Es schien, als hätten sie Literatur nicht mehr nötig oder als fahndeten sie nach einer Literatur, die es noch nicht gab, die gewissermaßen für die Theorie geschrieben werden müsse. Die „bürgerliche Literatur" hatte nach der gängigen Meinung ohnedies abgewirtschaftet. [...]

Für einen Roman wie „Die größere Hoffnung" war da wieder kein Platz. Die Literaturwissenschaft ließ ihn aus, manchen jüngeren Kritikern ist er unbekannt.

Vielleicht ist jetzt, nachdem die Theoretiker bescheidener geworden sind und der Literatur wieder ihr Vor-Recht einräumen, seine Stunde.

Als Peter Härtlings Plädoyer für „Ein Buch, das geduldig auf uns wartet“ am 22. November 1980 in der Süddeutschen Zeitung gedruckt erschien, war gleich nebenan auf derselben Seite ein „Freundschaftlicher Widerspruch“ des Feuilletonchefs dieser Zeitung zu lesen, des fünf Jahre vor Peter Härtling, im Jahr 1928 geborenen Joachim Kaiser. Kaiser, der in sehr jungen Jahren schon zu den Kritikern der Gruppe 47 gehörte und 1951 zu den ersten Rezensenten des Romans „Die größere Hoffnung“ – erstaunlicherweise ist es bisher niemandem gelungen, irgendeine Rezension des Buches vor 1951 ausfindig zu machen –, widersprach Härtling vor allem in dem einen Punkt, Ilse Aichinger sei sich mit ihrer 1952 in der Gruppe 47 vorgelesenen „Spiegelgeschichte“ selbst ins Wort gefallen.

Interessant für unseren Zusammenhang sind nur am Rande Kaisers aus dem eigenen Gedächtnis gezogene Korrekturen an Peter Härtlings Bild von einer Autorin Ilse Aichinger, die mit ihrer „Spiegelgeschichte“ sozusagen ruckartig ins Bewußtsein der literarischen Welt getreten sei; vielmehr habe sie sich zu dieser Zeit längst als „ein zartes, vielgeliebtes Wunderkind“ zwischen den ersten beiden Kulturzentren der Bundesrepublik, Ulm und Frankfurt (als Lektorin des inzwischen dort angesiedelten S. Fischer Verlags) bewegt; man sei „auf ihre Produktion aufmerksam“ gewesen: auf ihre 1951 im Wiener Jungbrunnenverlag mit Erlaubnis des S. Fischer Verlags erschienene Erzählungen-Sammlung „Rede unter dem Galgen“, auf ihre im Februar 1951 in den vielgelesenen und eminent meinungsbildenden „Frankfurter Heften“ erschienene Erzählung „Die geöffnete Order“, die möglicherweise die ersten uns bekannten Rezensionen der „Größeren Hoffnung“ ausgelöst haben: Walter Maria Guggenheimers Text mit dem Titel „Das Feuer hat Hunger“, Joachim Kaisers Rundfunkrezension „Können Haie trösten?“ und Friedrich Sieburgs Besprechung „Umgekehrt wie Kafka“.

Interessanter, nämlich spurgebend für unsere erweiterte Härtling-Frage, warum das Werk der Ilse Aichinger bis heute auf so viel Widerstand stößt, ist Joachim Kaisers sehr genaue, sich selbst nichts schenkende innere Begründung dieses Widerstands. Er schreibt in seinem „freundschaftlichen Widerspruch" im November 1980:

Es lag nicht an der ‚Spiegelgeschichte', sondern an der Art des Romans und an der Zeit, in der er erschien. „Wir" hatten nämlich kurz nach dem Krieg nicht jene poetische Freiheit gegenüber Phänomenen wie der Nazi-Judenverfolgung und dem KZ-Staat, die eine junge, als Halbjüdin betroffene Dichterin – sich einfach nahm!

Ich schrieb damals eine ausführliche Rezension: „Können Haie trösten?" – deren Überschrift auf ein wunderbares, berauschendes Traumbild des Romans anspielte: Judenkinder, ohne Visum, auf der Flucht über den Ozean. „Groß und licht und unerreichbar tauchte die Freiheitsstatue auf aus dem Schrecken." Aber: „Ein Haifisch schwamm neben ihnen her. Er hatte sich das Recht ausgebeten, sie vor den Menschen beschützen zu dürfen ... Der Haifisch tröstete sie, wie nur ein Haifisch trösten kann ..." Dergleichen liest sich heute herrlich. Doch damals machten vielen Lesern und Freunden der Ilse Aichinger diese klingenden, berauschenden Metaphern auch Angst. Gewiß, da ist auch von durchgehaltener „Identität" und von der Annahme des jüdischen Schicksals die Rede – wie Härtling hervorhebt. Aber man lese einmal jenes Kapitel nach von der „Angst vor der Angst", wo Ellen sich jubelnd den Judenstern anheftet, den sie als Halbjüdin eigentlich nicht zu tragen brauchte. Und man wird spüren, warum 1950 doch viele Angst vor dieser damals fast ruchlos wirkenden „Freiheit" hatten.

Und gegen Schluß schreibt Kaiser:

Anders ausgedrückt: Die traumsichere visionäre Kunst der jungen Ilse Aichinger – in einer knappen Erzählung wie der „Geöffneten Order" oder in einer völlig persönlichen Novelle wie der „Spiegelgeschichte" dargeboten – wurde bewundert. Daß Ilse Aichingers poetische Gewalt sich auch von so Schrecklichem wie Judenverfolgung und KZ nicht zügeln ließ: es war nicht so leicht zu ertragen. Darum (Härtling polemisiert auch zu heftig gegen Werner Weber, der etwas von diesem Problematischen getroffen hat) setzte sich die „Größere Hoffnung" einst nicht durch. Heute wäre es an der Zeit.

Übereinstimmung also in der Einschätzung der Lage und der Chancen für die Wiederentdeckung eines Buches, das Kaiser in seiner Rezension 1951 (nach durchaus auch kritischen Einlassungen) „in seiner Art vollkommen" genannt hatte und „kaum noch zu steigern" – Übereinstimmung am Ende, dies betreffend, zwischen Peter Härtling und Joachim Kaiser im Jahr 1980. „Vielleicht ist jetzt ... seine Stunde", sagte Härtling, und Kaiser: „Heute wäre es an der Zeit."
Inzwischen sind weitere sieben Jahre vergangen. Ob der Impuls, den Peter Härtling gegeben und Joachim Kaiser aufgegriffen hat, die erhoffte Wirkung getan hat, ist schwer zu sagen. Sicher sind inzwischen Dissertationen geschrieben worden, zumal Peter Härtling am Ende seines Plädoyers drei lohnende Themenvorschläge gemacht hat, und so etwas wird in aller Regel begierig aufgenommen. Auch ist, in der Jubiläumsbibliothek des S. Fischer Verlags zu dessen 100. Geburtstag im Frühjahr 1986, ein 560 Seiten umfassender Band mit Werken der Ilse Aichinger erschienen, enthaltend den Roman „Die größere Hoffnung", die Erzählungensammlung „Meine Sprache und ich", in die alle früheren Sammlungen eingegangen sind, und den Gedichtband „Verschenkter Rat" aus dem Jahr 1978, in den ebenfalls alle früher schon einmal, teils verstreut in Zeitschriften, teils in dem Auswahlband „Wo ich wohne" erschienenen Gedichte aufgenommen sind. Doch eine Neuauflage der Taschenbuchausgabe der „Größeren Hoffnung", die 1974 der S. Fischer Verlag herausbrachte, oder der 1976 in der Fischer Bibliothek erschienenen und von Heinz Politzer benachworteten Ausgabe ist meines Wissens nach Härtlings Plädoyer nicht erfolgt. Und was den Jubiläumsband Ilse Aichinger betrifft, der freilich ein schönes und wunderbar lesbar gedrucktes Buch ist, mit dem sich fortan (trotz seiner ärgerlich vielen Druckfehler) gut wird arbeiten lassen, so beschleicht seinen dankbaren Benutzer die leise Befürchtung, nun sei dieser Roman endgültig im Bestand der Klassiker aufgehoben und werde in den Bücherschränken der Ausgaben-Sammler sein weiterhin echoloses Dasein fristen: anerkannt, doch ungelesen.

Wohl aber könnte es sein, daß er noch auf eine andere Weise seine späte Wirkung tut: nämlich bei einer neuen Generation von Schriftstellern, die sich, wie seit einiger Zeit zu beobachten ist, dem lange gemiedenen Thema der Folgen und Spätfolgen des sogenannten Dritten Reichs zuwenden, einem Feld, das bisher, jedenfalls in der Bundesrepublik, weitgehend den Wissenschaften überlassen war, den Historikern und Psychologen, den Soziologen, Philosophen und Psychoanalytikern – wenn man einmal absieht von den Väter-Büchern der siebziger Jahre, in denen jedoch vor allem der Generationenkonflikt das Thema war.

Aber wird es so sein, daß diese neue Autorengeneration bei Ilse Aichinger nachsieht, wie sie vor 40 Jahren mit ihrer jüngst vergangenen Leidensgeschichte literarisch umgegangen ist, in den Entstehungsjahren ihres einzigen Romans, unmittelbar nach dem Ende der Schreckensherrschaft und der Auflösung der Vernichtungslager, in denen einigen Millionen Menschen zuerst die Würde und dann das Leben genommen wurde? Ich fürchte, das wird in den wenigsten Fällen so sein, und das hat dann wiederum nicht allein mit irgendeinem Starrsinn oder Desinteresse dieser Autoren zu tun, auch nicht allein mit der Notwendigkeit, heute anders anzusetzen, sondern vor allem mit der gestörten Entwicklung eines politischen und mit ihm zusammenhängenden literarischen Bewußtseins in den fast vierzig Jahren, die seit dem Erscheinen des Romans „Die größere Hoffnung" vergangen sind. „Deutsche Literatur – gibt es das überhaupt?" fragte Hubert Fichte in der dritten seiner „Elf Übertreibungen", mit denen er 1976 sein „Lesebuch" im S. Fischer Verlag einleitete. „... gibt es das überhaupt? Als ein Netz von Beziehungen – Correspondances? (Genet bezieht sich auf Proust, Proust bezieht sich auf Racine, Racine bezieht sich auf Seneca, Seneca bezieht sich auf Euripides)."

Das gestörte Bewußtsein. Wie ich wohl weiß, stehe ich nicht allein da mit meinen Schulerfahrungen, insbesondere Deutschunterrichterfahrungen in den fünfziger Jahren, mit diesen Besinnungsaufsätzen und der Lektüre von Carossa und

Bergengruen, Edzard Schaper und Agnes Miegel (ich spanne bewußt zwei solche Namen zusammen, denn niemals war davon die Rede, wie sich die beiden eigentlich voneinander unterscheiden); Faust I über ein ganzes Schuljahr, Lehrer wie Schüler hilflos rudernd im deutschen Tiefsinn ohne irgendein professionelles Hilfsmittel, und Entsetzen über den Schülerwunsch, Thomas Manns „Doktor Faustus" dagegen zu lesen; und einmal, in den mittleren Klassen, ein Lesebuchstück aus Bölls Erzählung „Wo warst du, Adam?" und auf die Nachfrage der Schüler furchtsame Andeutungen über die Ereignisse, die dieser Erzählung zugrunde lagen: Andeutungen, die ich wie geflüstert in Erinnerung habe. Von Elisabeth Langgässer war die Rede, vom „Unauslöschlichen Siegel" wurde geraunt in frommer Bewunderung für dieses profunde Sechshundertseitenwerk einer Katholikin, die Halbjüdin war wie Ilse Aichinger und als solche im Dritten Reich Schreibverbot hatte; aber vor allem war sie Katholikin geworden, und das zählte, und so wurde ihr ebenfalls 1948 erschienener Roman den Schülern der Oberstufe zur Lektüre in reiferem Lebensalter wärmstens anempfohlen – sowie ja überhaupt der Aufschub Teil des unbewußten Systems dieser Art von Unterricht war. Von Ilse Aichinger kein Wort, geschweige denn von ihrem Roman „Die größere Hoffnung". Es war auch Unvermögen, Büchermangel, Absorbiertsein vom Zeit und Kraft verschlingenden Lebensmangel, jedenfalls noch in den frühen fünfziger Jahren. Aber es war mehr. Es war das schulische Gegenstück zum Schweigen in Elternhäusern wie meinem, wo auch Unvermögen, Büchermangel, Absorbiertsein vom Zeit und Kraft verschlingenden Lebensmangel herrschte.

Es war, hier wie dort, im Grunde eine tiefe und allseitige, schrecklich stumme Depression, überdeckt punktuell von einer Art allergischer Fröhlichkeit, ausbrechend etwa zur Faschingszeit, von der sich selbst fremdelnde Mecklenburger wie meine Eltern als rheinische Neubürger infizieren ließen; das heißt, eigentlich nicht ausbrechend, sondern inszeniert, aber von mangelgewöhnten Halbwüchsigen dankbar und erleichtert und am Ende begeistert aufgegriffen. Es war die Zeit des

Rock 'n' Roll. Doch immer nur wie ein Spuk: „Am Aschermittwoch ist alles vorbei."

Vielleicht *konnte* am Anfang nicht geredet, nicht erzählt werden; vielleicht war es verlernt worden im Zeitalter der Denunziation, das ja auch nicht vom Himmel gefallen, sondern allzugut vorbereitet war durch die Fassadenkultur des Kaiserreichs und die gewaltigen gesellschaftlichen Umbrüche, die sich dahinter verbargen und martialisch durchbrachen in Krieg, Inflation, Arbeitslosigkeit und einer von diesem allen merkwürdig unberührten allgemeinen Aufsteiger-Mentalität. Ich habe die ersten Nachkriegsjahre zwischen meinem siebenten und zehnten Lebensjahr als eine Art ewigen Winter vor Augen, als eine Fron fürs tägliche Leben, in die auch die Kinder als Stallknechte, Beschaffungsoffiziere, das heißt Boten und Schlangesteher, als Gartenarbeiter, Abwäscher, Bügler, Hausmädchen und Küchenjungen vollkommen eingespannt waren.

Als aber wieder erzählt wurde, ganz allmählich und meist an Feiertagen, da verstanden sich unter der Hand die Erzähler als Opfer; nur wessen Opfer, und wieso eigentlich sie, und wo die tatsächlichen Opfer geblieben waren, das war ihnen ebenso abhanden gekommen wie der Schule die literarischen Zusammenhänge und der Literatur das Netz von Beziehungen; und bald waren dann auch die Täter gefunden, als deren Opfer man sich sah: die Bombenwerfer und Invasoren, die es den Opfern erlaubten, beim Beseitigen der Trümmer im eigenen Hause nicht weiter aufzuräumen. Von den Verursachern der Katastrophe keine Rede mehr, geschweige denn von den tatsächlichen Opfern dieses Weltbrandes, den Toten nämlich; in meiner Familie nicht einmal von meiner Großmutter, die im Zuge von Hitlers Euthanasieprogramm umgebracht worden war. Von alledem kein Wort. Wir erfuhren nur, was wir ohnehin selbst gesehen und erlebt hatten, in litaneihafter Wiederholung: Trümmer, Hunger, Armut, Not, Ende; neuer Anfang.

In den Zwischenphasen allergischer Fröhlichkeit wurden kurzerhand zehn bis zwölf dieser Schreckensjahre übersprungen, und zum Vorschein kam in der verklärten Erinnerung der unbeschwerten Jugend Maienblüte. Das Jahr 1933 war in diesem privaten Kosmos keine ernstgenommene Zäsur, nicht damals und bis heute nicht. Anstelle irgendeiner denkbaren Revision steht bis heute der Satz „Wir haben das damals alles nicht so ernstgenommen." Damals war mein Vater Universitätsassistent, meine Mutter Studentin, man segelte, spielte Tennis, plante Ehe und Familie und Zukunft, war im ganzen vergnügt. Keinerlei nachträgliches Erschrecken über die Koinzidenz des privaten fröhlichen mit dem öffentlichen schrecklichen Anfang.

Die Schatten des ermogelten Opfer-Bewußtseins aber fielen auf die vielköpfige Familie und entwickelten sich dort zu einem ausgeklügelten System von Machtausübung, bald nicht mehr nur seitens des Vaters, sondern in vielerlei Spielarten als Kleinkrieg aller gegen alle. Der bekannteste Elternsatz in den Fehden mit den heranwachsenden Kindern spiegelt die Verkehrung der Verhältnisse aufs exakteste – der Satz: „Womit haben wir das verdient!" Kein Fragesatz; ein apodiktischer Satz, der auf keine Antwort aus ist, denn die enthält er schon selbst. Rücksicht, das heißt Mitgefühl, wurde eingefordert, doch nicht gewährt. Es galt insgeheim, wie jegliche Seelenregung, als Luxus und wurde als solcher geächtet. Zugelassen war, bei feierlichen oder auch traurigen Anlässen, einzig sein schreckliches Surrogat: Sentimentalität als momentane emotionale Ergießung ohne irgendeine Spur nachhaltigen Veränderungswillens oder -vermögens.

Die gleiche unterschürige Aggressivität in der Schule, nicht nur zwischen Lehrern und Schülern, sondern auch zwischen den Schülern untereinander. Ich glaube, es war mehr als das übliche Maß an Mißgunst, Neid, Konkurrenz. Von wenigen Sternstunden solidarischer Klassenunternehmungen abgesehen habe ich die Schule vor allem als eine Institution in Erinnerung, in der jeder für sich wurschtelt und die meiste Energie darauf verwendet, daß keiner keinem was abguckt. Und so war es ja – um der Meßbarkeit einzelner Leistungen willen – durchaus auch intendiert. *Hier* durfte jedenfalls *nicht* gemogelt werden.

Gemogelt wurde aber ununterbrochen – und, wie gesagt, ohne irgendein Bewußtsein davon – im Umgang mit der eben gewesenen Geschichte.

Gepflegt wurde statt dessen, ganz so wie Peter Härtling es für den Literaturbetrieb der fünfziger Jahre beschrieben hat, und natürlich in dessen Verlängerung, ein neuer Irrationalismus, ein neu installiertes System der alten „inneren Werte", die doch nur noch zu Festtagsreden taugten – der pure Augenschein widerlegte sie an jedem grauen Alltag –, weil man nicht genau hinzusehen wagte, was alles im Namen dieser Werte zwölf Jahre lang verbrochen werden konnte.

Der gleiche Befund unterschüriger Aggressivität und Isoliertheit bei den Studenten an den bundesdeutschen Universitäten Ende der fünfziger, Anfang der sechziger Jahre (nur Berlin ist da wohl immer schon eine Ausnahme gewesen). Das Literaturstudium der unteren und mittleren Semester, mittlerweile ein höchst autoritär geführter Massenbetrieb, war eine Jagd von Schein zu Schein, von Referat zu Referat, ein Wälzen und Weiterwälzen von Sekundärliteratur, wenn man nicht das Glück hatte, auf Professoren zu stoßen, die laut in die Hörsäle riefen, Leute, lest doch erstmal die Bücher selbst, und zwar viele! (Natürlich sagten sie nicht „Leute", sondern „Meine Damen und Herren", und nicht „Ihr", sondern „Sie", und sie riefen auch nicht, doch so war ihr Impetus.) Aber dieses Glück hatten nur verhältnismäßig wenige Studenten, und ich fürchte, die meisten wälzen auch heute noch (oder wieder) hauptamtlich Sekundärliteratur (was ja auch wieder nur, wo nicht tiefe Depression angesichts dieser objektiv endlosen öden Massen, so doch uneingestandene Aggressionen dagegen hervorbringen kann, und um wieviel mehr gegen den auf diese Weise so gut wie unbekannt bleibenden Gegenstand selbst aller dieser Erörterungen, die eigentliche Literatur); und mit diesem falschen Gepäck gehen sie dann in die Schulen (so sie überhaupt noch Stellen finden) und lassen sich dort, eingeschüchtert wie sie noch immer sind, weiter reglementieren durch ausgeklügelte Unterrichtseinheiten und Richtlinien und unbegreifliche Sprachlehrbücher und tragen, schwach gerüstet und unsicher, die nämliche unterschürige Aggressivität unter die Schüler weiter, die ihnen an der Universität schon entgegenschlug.

Dies alles gehört zur Geschichte des gestörten Bewußtseins in den knapp vierzig Jahren seit dem Erscheinen von Ilse Aichingers Roman „Die größere Hoffnung".

Und doch ist nicht vordringlich die Frage, wie unter solchen Bedingungen ein solches Buch unter die Leute kommen soll. Denn andere Bücher haben das schließlich auch geschafft, wenn auch in unterschiedlichem Maße; die Bücher von Andersch, Böll, Koeppen, Grass, Johnson, Hildesheimer, Erich Fried, um nur einige zu nennen: alle ja keineswegs Bücher, die irgend etwas beschönigt oder besänftigt hätten. Das kann es also nicht sein. Ich glaube eher, daß es etwas anderes ist – und in diesem einen Punkt hat der Roman der Ilse Aichinger eine gewisse Familienähnlichkeit mit einem anderen, der etwa zur gleichen Zeit angefangen wurde, aber nach immer neuer Überarbeitung schließlich erst 1961 erschienen ist und sich auch bei weitem nicht in dem Maße durchsetzen konnte wie seine späteren Bücher: mit Erich Frieds ebenfalls einzigem Roman „Ein Soldat und ein Mädchen" (den übrigens nur der Verlag einen Roman nannte, nicht der Autor). Ich glaube, es ist „jene poetische Freiheit gegenüber Phänomenen wie der Nazi-Judenverfolgung und dem KZ-Staat", wie Kaiser das in seinem „freundschaftlichen Widerspruch" genannt hat, oder, wie ich sagen würde, der geradezu aufsässig freie literarische Umgang mit dem politischen Phänomen des Faschismus, von dem Adorno einmal gesagt hat, es lasse sich nur soziologisch in Angriff nehmen, denn literarisch komme bei einem solchen Angriff entweder Tendenzliteratur heraus, also streng genommen keine, oder einer versuche es von der persönlichen Seite her, und er werde sich mit Gewißheit unglaubwürdig machen; ein einzelner könne nämlich gegen ein solches System nicht aufkommen.

Sowohl Ilse Aichinger als auch Erich Fried haben diesen Versuch dennoch unternommen, beide in gleichem Alter (sie sind im selben Jahr geboren), beide gleich nach dem Ende des Krieges. Und sie haben beide – Voraussetzung bekanntlich aller Literatur, die sich so nennen darf – jene Schwarzweißmalerei vermieden, die in diesen beiden Geschichten doch fast unumgänglich gewesen wäre, wenn ihre Autoren die Wirklichkeit, die ihnen zugrundelag, wenn zwar verwandeln, so doch nicht einfärben wollten. Dafür mußten sie die Rollen der Opfer und Täter auflösen oder besser gesagt, die Seiten der Opfer und Täter, und in beiden, den Opfern und den Tätern, immer noch weiter nach dem Humanum suchen. Das war nicht nur damals, das ist auch heute noch skandalös, weil es etwas über das hinaus ist, was Kunst immer schon zu leisten hatte. Denn das Neue an diesem Regime des Schreckens, mit dem es diese Bücher aufnahmen, das Einzigartige, nie Dagewesene, also das, was neuerdings von manchen Historikern und Publizisten aus Gründen der Wiederbeschaffung eines positiven Nationalgefühls in aller Stille wegeskamotiert werden soll, nämlich die Industrialisierung des Massenmords, von der perfekten Entpersönlichung der zur Vernichtung bestimmten Personen bis hin zu ihrer Verwertung als medizinischer Versuchsobjekte (Tierversuche dagegen waren im „Dritten Reich“ bekanntlich verboten), bis hin zur Weiterverwertung ihrer Haare, ihres Zahngolds, ihrer Knochen – diese entmenschte Neuartigkeit also war es, die in diesen beiden Büchern dennoch zurückverwandelt, ja zurückgenommen werden sollte in die Dimensionen des Menschlichen, der Phantasie, der Sprache. Wobei die Sprache, als Medium der Autoren, das größte Problem darstellte, denn sie war ja selbst Teil dieser Todesmaschinerie, hatte deren ideologischen Überbau zu bestreiten.

Joachim Kaisers Rezension der „Größeren Hoffnung“ aus dem Jahr 1951 begann mit den Sätzen:

Während viele – und vielleicht nicht die Reinsten – ein Übermaß an KZ-Literatur und Greuelberichten beklagen (als würden nicht unendlich viel mehr Rommel- und Göring-Memoiren veröffentlicht), stehen die Künstler vor einem ernsten, fast unauflösbaren Problem. Es ist nämlich fraglich geworden, ob und wie die umfassende Katastrophe, der totale Sieg der Finsternis künstlerisch gestaltet werden kann.

Beide Autoren, Ilse Aichinger und Erich Fried, beide in Wien geboren und, wie gesagt, im gleichen Jahr, sind der auch für sie gedachten Todesmaschinerie entkommen: Erich Fried, wie übrigens auch Ilse Aichingers Zwillingsschwester Helga, ins Londoner Exil (wo beide heute noch leben), während Ilse Aichinger, als damals dem Gesetz nach noch unmündiges Kind, bei ihrer Mutter in Wien blieb (der das Einreisevisum nach England verweigert wurde, Ärzte hatte man dort genug), um sie durch ihre pure Gegenwart vor der Deportation zu schützen. Denn den Rassegesetzen zufolge durften jüdische Mütter halbjüdischer Kinder vor deren Volljährigkeit, also der Vollendung des 21. Lebensjahres, nicht deportiert werden; doch dieser Schonzustand endete mit dem 1. November 1942, Ilse Aichingers 21. Geburtstag, und fortan ging alles nur noch mit List und Tricks.

Beide also sind der Todesmaschinerie entkommen. Aber beide werden sie, der eine in London, die andere in Wien, sehr rasch nach dem Ende dieses hypertrophen Weltgebäudes, das bis heute gern als Zusammenbruch bezeichnet wird, als habe es sich dabei um ein reines Naturereignis gehandelt, die Einzelheiten der politisch sanktionierten Gewaltanwendung äußersten Ausmaßes erfahren haben. Wie man weiß, gingen die Photos von den Leichenbergen, den eben noch dem Tode entronnenen Überlebenden, den Folter-, Versuchs- und Tötungsanlagen, den pferchähnlichen Häftlingsbaracken in den aufgelösten Vernichtungslagern im späten Frühjahr 1945 durch die internationale Presse und die laufenden Bilder durch die Kino-Wochenschauen.

Gleichwohl hielten sie beide, Ilse Aichinger in Wien und Erich Fried in London, wann immer sie den Plan zu ihren Büchern gefaßt haben mögen, an ihrem Unternehmen fest, die Geschichten, die in ihren Köpfen waren, aufzuschreiben: Ilse Aichinger ihre von dem halbjüdischen Mädchen Ellen, das das Tragen des Judensterns für eine selbst eroberte Auszeichnung hielt, im Namen der Utopie einer vage zugesagten Identität – wovon im Kapitel „Die größere Hoffnung als Komposition" noch die Rede sein wird –, Erich Fried seine von dem Soldaten, der, seinem Dialekt nach Österreicher und jüdischer Emigrant wie sein Autor, als amerikanischer Besatzungssoldat auf eine so gespenstische Weise in den Prozeß und das Todesurteil gegen eine junge Aufseherin des Konzentrationslagers Bergen-Belsen verwickelt wurde, daß er für den Rest seines Lebens nicht mehr davon loskam.

Zwei literarische Entwürfe also gegen die einzigartige Anonymität eines Massenmords, mit dem der größte Teil der deutschen und ein großer Teil der europäischen Kulturgesellschaft vernichtet worden war. Angeboten zu einer Zeit, da die Mehrheit der Bevölkerung, die potentiellen Leserkreise eingeschlossen, einzig mit dem Wiederaufbau der privaten Existenz beschäftigt war und mit der notdürftigen Aufpolsterung der angeschlagenen Innenwelt durch verschlissene Bildungsgüter. Die politische Restauration jener Jahre kam dem zugleich entgegen und war seine Entsprechung. Der Kaufpreis für den wirtschaftlichen Wiederaufschwung, Aufrüstung und bedingungslose Einbindung in die westliche Allianz, deren Folge der kalte Krieg war, wurde zum militant bekämpften Diskussionsthema.

In einer dergestalt aggressiv aufgeladenen Gesellschaft, die zunächst aus Gründen der Lähmung und später aus Gründen des Nichtgestörtseinwollens, also zu keiner Zeit bereit war zurückzuschauen, nun diese Bücher, die nicht nur das mühsam Verleugnete zum Thema hatten, sondern dessen schauerliche Kälte auch noch zu unterlaufen gedachten: durch nichts Geringeres als die Wiedereinsetzung der Güte als einer sowohl menschlichen wie literarischen Qualität.

Die war nun in der Kunst schon immer ein heikler Punkt und namentlich den Kritikern, insonderheit den Berufskritikern, seit altersher ein Dorn im Auge, denn die haben es allemal leichter, sich an jenen ebenfalls altehrwürdigen Satz zu halten, der von den Journalisten für ein ehernes Gesetz erachtet wird: real news are bad news. Güte hingegen wird eher als peinlich empfunden, vielleicht als ein unangenehmer Spiegel; als zudringlich, schlimmstenfalls als Übergriff auf die Person des Lesers. Als Aggression also. Und es beginnt eine Art Schattenboxen der Aggressionen im Leser mit den virtuellen im Buch. Man prüfe sich als Leser; man wird es unweigerlich auch in sich selbst entdecken.

Und da bedürfte es denn der Überwindung einer doppelten Schamschwelle – der beschriebenen historischen und der offenbar in der Natur des Menschen enthaltenen –, damit Bücher wie Erich Frieds „Ein Soldat und ein Mädchen" und Ilse Aichingers „Größere Hoffnung" sich in stärkerem Maße durchsetzen könnten. Insbesondere Ilse Aichingers Roman lebt, wie ihr ganzes Werk, von eben jenem Gestus, der, wenn er auf einen in seinen unerkannten Aggressionen verfangenen Leser stößt, selbst als aggressiv mißverstanden wird, entgegen seiner eigentlichen utopischen Qualität. „Werft die Straßenbahnen um und macht Barrikaden daraus", heißt es gegen Ende der „Größeren Hoffnung", „Recht habt ihr! Gebt es nicht zu, daß euer Herz zum Schlachtfeld wird. Laßt die Beweggründe nicht Sturm laufen in euch. Verschränkt euch ineinander, das ist besser. Versucht es nicht, zu bleiben durch euch selbst."

Da steht es und das ist es.

Ein Roman in seiner literarischen Umgebung

die linie verlassen
den punkt finden
(eugen gomringer)

Ilse Aichinger ist mit theoretischen Äußerungen oder auch nur Hinweisen zu ihrer künstlerischen Arbeit von jeher sparsam gewesen. Doch einmal hat sie, in einem kurzen Text für eine Anthologie zum 150jährigen Bestehen des Reclam Verlags im Jahr 1978 mit dem Titel „Der Reiz der Wörter", ihren Umgang mit der Sprache in einer Weise beschrieben, die dem Leser einen Schlüssel in die Hand gibt zum Umgang mit ihrem Werk. Dieser Text ist überschrieben mit einem Joseph Conrad-Zitat: „Nur zusehen – ohne einen Laut". Ilse Aichinger antwortet dem Zitat so:

> Das muß ich den Wörtern zumuten, wenn wir miteinander umgehen. Und sie mir. Aber können sie es mir zumuten, wenn ich gerade Lust zu erzählen habe? Und kann ich es ihnen zumuten, diesen Mitteilern, Benennern, Beifügern, diesen raschen Springern, Klärern, Verwirrern, diesen Gebilden aus Lauten? GIB LAUT, unter dieser Devise sind sie entstanden. Und GIB NICHT LAUT, unter dieser Devise sollen sie existent bleiben? Es ist eine Zumutung, aber diese Zumutung ist gegeben.

Dies ist die Grundierung des Gestus, von dem am Ende des vorigen Kapitels die Rede war. Der anarchische Aufschrei erhält sein ganzes Gewicht erst aus solcher apodiktischen Strenge im Umgang mit den Wörtern. Und der letzte Satz des ersten Abschnitts dieses Textes gibt kaum verschlüsselt einen Hinweis auf den Zusammenhang zwischen dem Leben und dem Schreiben der Autorin. „Der, von dem ihre [der Wörter] letzte Devise entliehen ist [Joseph Conrad], ist nicht umsonst vom Umgang mit der See zum Umgang mit den Wörtern gekommen." Man kann das als Palimpsest lesen, in dessen Subtext steht: Ich bin nicht umsonst vom Umgang mit dem täglich möglichen Tod zum Umgang mit den Wörtern gekommen. Nicht umsonst: das kostet also. Der Preis: man muß von vorn anfangen.

Entsprechend heißt es weiter von den Wörtern:

> Um wieder notwendig zu werden, müssen sie die Lautlosigkeit zurückgewinnen, aus der sie notwendig entstanden. Was sie bezeichnen, zerfällt, wenn sie es nicht lautlos bezeichnen, was sie mitteilen, wird zur Lüge, wenn ihre Lautlosigkeit es nicht deckt. Fragen nach dem gegenseitigen Befinden und die jeweiligen Antworten darauf – wenn ein Dialog keine Farce werden soll, muß die Lautlosigkeit mit im Spiel sein. Sie entspringt wieder dem Nur-Zusehen, das identisch ist mit dem Nur-Zuhören, d.h. der genauesten von allen Arten des Beobachtens, aufs äußerste beteiligt wie aufs äußerste unbeteiligt, mit der Kraft des Anfangs und der Kraft des Endes. Das heißt nicht, aus dem Spiel bleiben, sondern im Spiel sich selbst aus dem Spiel lassen. Das heißt, im Spiel mit den Wörtern seine eigene Lautlosigkeit in die ihre einbringen. Das heißt in diesem Zeitalter, in dem alles erzählt und nichts angehört wird, alles auf den Kopf stellen. Der Erzählwelt Schweigen abfordern, der Welt, sich selbst, den Wörtern, den Klängen. Und die äußerste Form des Schweigens, die Lautlosigkeit. Erst auf dieser Grundlage des lautlosen Zusehens, Zuhörens wird die Sprache wieder Laut gewinnen und die Wörter den Reiz, der eine späte Spielart der Notwendigkeit ist.

Daß ein Autor (und das heißt: seine Sprache) immer zugleich aufs äußerste unbeteiligt und aufs äußerste beteiligt und mit der Kraft des Anfangs und des Endes ausgestattet sein müsse, das gehört zu den ältesten Regeln des Handwerks der Kunst. Daß aber gerade diese Autorin das Nur-Zusehen, das Nur-Zuhören und die Lautlosigkeit der Sprache in so starkem Maße herausarbeitet, das hat einen neuen historischen Grund. Vom Ende her zu denken gehörte für Ilse Aichinger sehr früh zum Handwerk des Lebens. Es sei damals ein Leben auf Abruf gewesen, hat sie einmal in einem Interview berichtet, aber das Stück bis zum Abruf sei ungeheuer intensiv gewesen, und der Gedanke, nicht zu überleben, habe sie nicht geschreckt.

Diese Intensität ist sogleich und mit äußerster poetischer Kraft in das erste Werk eingegangen, das nach Ilse Aichingers Wechsel „vom Umgang mit der See zum Umgang mit den Wörtern“ entstanden ist: „Die größere Hoffnung“. Vielleicht ist das der Grund, aus dem sie gleich mit diesem ersten großen Wurf als Autorin fix und fertig dastand: eigensinnig, hochambitioniert, befremdend und während der Arbeit offenbar ohne irgendein Muster, sozusagen mutterseelenallein. Daß das Buch nach seinem Erscheinen dann zunächst auch in der literarischen Welt wie es scheint ohne nennenswerte Resonanz blieb, das mag mit etwas zusammenhängen, was Gertrude Stein einmal über Meisterwerke geäußert hat (mitgeteilt von Thornton Wilder in seiner Einführung zu Gertrude Steins Essay „Was sind Meisterwerke?“):

Jedes Meisterwerk kam mit einem bestimmten Maß an Häßlichkeit in die Welt. Jene Häßlichkeit ist das Merkmal für den Kampf des schöpferischen Menschen, etwas Neues auf neue Art zu sagen, denn ein Künstler kann niemals den Erfolg von gestern wiederholen. Und jedem großen schöpferischen Menschen folgt ein zweiter, der zeigt wie es auf leichte Art gemacht werden kann. Picasso kämpfte und machte etwas Neues, und dann kam Braque des Weges und zeigte wie es ohne Mühe gemacht werden kann. Die sixtinische Madonna von Raphael sieht man in der ganzen Welt, auf den Kalendern von Gemüsehändlern und auf Weihnachtskarten; jeder denkt, es ist ein einfaches Bild. Es ist unsere Aufgabe als Kritiker, uns davorzustellen und seine Häßlichkeit wieder zu entdecken.

Man wird also, Gertrude Steins Rat folgend, gut daran tun, dieses ursprüngliche Befremden zumindest versuchsweise wiederzuentdecken, das dem Roman „Die größere Hoffnung“ offenbar entgegenschlug; sein Maß an Häßlichkeit auszumachen, seine Inkommensurabilität, seine Widerständigkeit, sein Querstehen zu allem, was sonst in den ersten Jahren nach der Katastrophe entstanden ist.

Der Ton, auf den gleich nach dem Ende der Barbarei die ersten Äußerungen der Schriftsteller von draußen und von drinnen gestimmt waren, war ein anderer als der der Ilse Aichinger. Thomas Manns Stimme aus Amerika an „Deutsche Hörer“ am 10. Mai 1945 klang so:

Möge die Niederholung der Parteifahne, die aller Welt ein Ekel und Schrecken war, auch die innere Absage bedeuten an den Größenwahn, die Überheblichkeit über andere Völker, den provinziellen und weltfremden Dünkel, dessen krassester, unleidlichster Ausdruck der Nationalsozialismus war. Möge das Streichen der Hakenkreuzflagge die wirkliche, radikale und unverbrüchliche Trennung alles deutschen Denkens und Fühlens von der nazistischen Hintertreppen-Philosophie bedeuten, ihre Abschwörung auf immer.

Ernst Wiechert, der 1938 wegen Widerstands gegen den Nationalsozialismus in Reden und Rundbriefen zwei Monate lang im KZ Buchenwald gesessen und dann bis zum Ende der Barbarei unter Gestapo-Aufsicht zurückgezogen im bayerischen Wolfratshausen gelebt hatte, richtete 1945 das Wort an die Jugend mit der flehentlichen Bitte um Buße und Umkehr. Doch die Sprache dieses Unverdächtigen zeigt, bei aller noblen Gesinnung und Ernsthaftigkeit, doch auf beklemmende Weise noch den ganzen Bodensatz jenes „Gedankenguts“, das, zusammengebraut aus den Resten altehrwürdiger Ideale und Volksmythen, dem Terrorstaat den ideologischen Überbau geliefert hatte:

Der Krieg kam, er begann mit Lüge und Gewalt, mit Heimtücke und nackter Brutalität, mit Prahlerei und Fanfaren. Das Volk wußte, daß es ein verbrecherischer Krieg war, aber Millionen dieses Volkes stürzten sich in den Kampf. Wie der Räuber nur die Beute sieht, so sahen sie nur Länder, Städte, Erz, Getreide, Silber, Öl und Gold. Sie fragten nicht, wem es gehörte, sie fragten nicht, ob es Recht sei, sie fragten nicht, ob Frauen und Kinder und Kranke verdarben, sie wollten nur haben, nichts als haben. [. . .]

Indessen sahen wir zu, wie ein Volk den letzten Rest seines sittlichen Gutes verlor und verdarb, wie die sogenannte ‚Volksgemeinschaft‘ der fadenscheinige Mantel war, der über einen Abgrund von Neid, von Mißgunst, von Haß, von Diebstahl und Hehlerei gespannt war. [. . .]

Wir sahen zu, wir wußten von allem, auch von dem, was in den Lagern geschah. Wir zitterten vor Empörung und Grauen – aber wir sahen zu. Wir können zu leugnen versuchen, wie es einem feigen Volke zukommt, aber es ist nicht gut, zu leugnen und die Schuld damit zu verdoppeln. Wir sahen auch das Ende, und das Ende legt auch die letzten Masken ab. Es war des Anfangs wert. Das Ende des Übermenschen, wie er sich in Hüllen und Verkleidungen in die Einöden schlich oder in den Selbstmord stahl.

Erinnert euch des Vogels im Märchen, der alle tausend Jahre kommt, um ein Körnchen aus dem Diamantberg zu brechen. Erinnert euch daran, was vor euch steht, und daß es in der ganzen Weltgeschichte niemals eine größere Aufgabe gegeben hat als die eurige, das Blut eines Volkes zu erneuern und die Schande von dem Gesicht eines ganzen Volkes abzuwaschen. Glaubt nicht an die jahrtausendalte Lüge, daß Schande mit Blut abgewaschen wurde, sondern an die junge Wahrheit, daß Schande nur mit Ehre abgewaschen werden kann, mit Buße, mit Verwandlung, mit dem Wort des verlorenen Sohnes: ‚Vater, ich habe gesündigt, und will hinfort nicht mehr sündigen.'

Klagt nicht, daß wir barfuß gehen werden, daß wir hungern werden, daß der Richter über uns sitzen wird bei Tag und bei Nacht. Blickt dem Schicksal in die Augen, wie die Märtyrer der Lager es getan haben.

Hermann Hesse schrieb für die Waffenstillstandsfeier des Radio Basel das Gedicht

Dem Frieden entgegen
Ostern 1945

Aus Haßtraum und Blutrausch
Erwachend, blind noch und taub
Vom Blitz und tödlichen Lärm des Krieges,
Alles Grauenhaften gewohnt,
Lassen von ihren Waffen,
Von ihrem furchtbaren Tagwerk
Die ermüdeten Krieger.

„Friede!" tönt es
Wie aus Märchen, aus Kinderträumen her.
„Friede". Und kaum zu freuen
Wagt sich das Herz, ihm sind näher die Tränen.

Arme Menschen wir,
So des Guten wie Bösen fähig,
Tiere und Götter! Wie drückt das Weh,
Drückt die Scham uns heute zu Boden!

Aber wir hoffen. Und in der Brust
Lebt uns glühende Ahnung
Von den Wundern der Liebe.
Brüder! Uns steht zum Geiste,
Steht zur Liebe die Heimkehr
Und zu allen verlornen
Paradiesen die Pforte offen.

Wollet! Hoffet! Liebet!
Und die Erde gehört euch wieder.

Aber standen denn wirklich „zu allen verlornen Paradiesen die Pforten offen"? Hatten sie es je getan? Hatte je den Wollenden, Hoffenden, Liebenden die Erde gehört? Natürlich glich dies Gedicht in jener Situation einem Erlösungsschrei, der nur zu begreiflich ist. Doch steht man nicht erst heute, angesichts unserer waffenstrotzenden, vergifteten und verwüsteten Lebenswelt, einem solchen Gedicht ziemlich melancholisch gegenüber. Es waren dies auch damals Wörter und Bilder und Sätze, die sich nicht ungestraft so ohne weiteres wiedereinsetzen ließen.

Auch von Ilse Aichinger gibt es, nun allerdings schon aus dem Jahre 1946, eine Verlautbarung. Sie hieß aber „Aufruf zum Mißtrauen", und ihr Impetus war dem Hesseschen genau entgegengesetzt. Auch wird aus ihr deutlich, daß die zwölf Jahre Barbarei keineswegs vom Himmel gefallen waren.

Aufruf zum Mißtrauen
Ein Druckfehler? Lassen Ihre Augen schon nach? Nein! Sie haben ganz richtig gelesen – obwohl Sie diese Überschrift unverantwortlich finden, obwohl – – Sie finden keine Worte. Ist es nicht gerade die schwerste und unheilbarste Krankheit dieser tastenden, verwundeten, von Wehen geschüttelten Welt? Ist es nicht die Sprengladung, welche

die Brücken zwischen den Völkern in die Luft wirft, dieses furchtbare Mißtrauen, ist es nicht die grausame Hand, welche die Güter der Welt ins Meer streut, die den Blick der Menschheit überschattet und lauernd verwirrt? Ist es notwendig, diese Ursache aller Qualen neuerlich zu rufen und aus ihrer Höhle zu locken? Haben wir nicht lange genug aneinander vorbeigeschaut, haben geflüstert anstatt zu sprechen, sind geschlichen anstatt zu gehen? Sind wir nicht lange genug, von Furcht gelähmt, einander ausgewichen?

Und wo sind wir heute? Bespötteln wir nicht jede Instanz über uns, jede Behörde, jede Maßnahme, die wir nicht ergriffen, jedes Wort, das wir nicht gesagt haben? Wir sind erfüllt von Mißtrauen gegen Gott, gegen den Schleichhändler, bei dem wir kaufen, gegen die Zukunft, gegen die Atomforschung und gegen das wachsende Gras. Und nun? Nein, es ist kein Irrtum, hier steht es klar und deutlich: Aufruf zum Mißtrauen! Aufruf zur Vergiftung also? Aufruf zum Untergang?

Beruhigen Sie sich, armer, bleicher Bürger des XX. Jahrhunderts! Weinen Sie nicht! Sie sollen ja nur geimpft werden. Sie sollen ein Serum bekommen, damit Sie das nächste Mal um so widerstandsfähiger sind! Sie sollen im kleinsten Maß die Krankheit an sich erfahren, damit sie sich im größten nicht wiederhole. Verstehen Sie richtig. An sich sollen Sie die Krankheit erfahren! Sie sollen nicht ihrem Bruder mißtrauen, nicht Amerika, nicht Rußland, und nicht Gott. *Sich selbst müssen Sie mißtrauen!* Ja? Haben Sie richtig verstanden?

Uns selbst müssen wir mißtrauen. Der Klarheit unserer Absichten, der Tiefe unserer Gedanken, der Güte unserer Taten! Unserer eigenen Wahrhaftigkeit müssen wir mißtrauen! Schwingt nicht schon wieder Lüge darin? Unserer eigenen Stimme! Ist sie nicht gläsern vor Lieblosigkeit? Unserer eigenen Liebe! Ist sie nicht angefault von Selbstsucht? Unserer eigenen Ehre! Ist sie nicht brüchig vor Hochmut?

Sagten Sie nicht, Sie hätten lieber im vorigen Jahrhundert gelebt? Es war ein sehr elegantes und vernünftiges Jahrhundert. Jeder, der einen vollen Magen und ein weißes Hemd hatte, traute sich selbst. Man pries seine Vernunft, seine Güte, seine Menschlichkeit. Und man bot tausend Sicherungen auf, um sich gegen die Schmutzigen, Zerrissenen und Verhungerten zu schützen. Aber keiner sicherte sich gegen sich selbst. So wuchs die Bestie unbewacht und unbeobachtet durch die Generationen. Wir haben sie erfahren! Wir haben sie erlitten, um uns, an uns und vielleicht auch in uns! Und sind doch schon wieder bereit, selbstsicher und überlegen zu werden, zu liebäugeln mit unseren Tugenden! Kaum haben wir gelernt, den Blick zu heben, haben wir auch schon wieder gelernt, zu verachten und zu verneinen. Kaum haben wir stammelnd versucht, wieder „ich“ zu sagen, haben wir auch schon wieder versucht, es zu betonen. Kaum haben wir gewagt, wieder „du“ zu sagen, haben wir es schon mißbraucht! Und wir beruhigen uns wieder. Aber wir sollen uns nicht beruhigen!

Trauen wir dem Gott in allen, die uns begegnen, und mißtrauen wir der Schlange in unserem Herzen! Werden wir mißtrauisch gegen uns selbst, um vertrauenswürdiger zu sein!

Von den vier zitierten Texten ist dieser letzte der einzige invertierte, und die Inversion, die Rückkoppelung also eines jeden Satzes an die tiefen Irritationen der schreibenden Person, ist darin so weit getrieben, daß ausgerechnet *die* Stimme, die sehr leicht hätte zum Verstummen gebracht werden können, bevor sie noch dieses hier hätte von sich geben können, das Gebot des Mißtrauens zuallererst an sich selbst zurückgibt. Dann allerdings auch, mit der nun schon mehrfach erwähnten Apodiktik, an den „armen, bleichen Bürger des XX. Jahrhunderts“. Inversion und Brüskierung in eins. Aber vielleicht sind diese beiden ja auch so etwas wie ein siamesisches Zwillingspaar. Womit ein weiterer Grund gefunden wäre für das Befremden, das Bücher wie Ilse Aichingers Roman „Die größere Hoffnung“ auszulösen vermögen. Auch Hubert Fichtes Bücher vermögen das. Und die Bücher Kafkas, die erst durch ihre einerseits christliche und andererseits psychoanalytische Auslegung kommensurabel gemacht, das heißt aber auch, ganzer Dimensionen beraubt worden sind.

In welcher Weise hat nun Ilse Aichinger in ihrem Roman „etwas Neues auf neue Art gesagt“, wie es bei Gertrude Stein hieß? In welcher Weise ist er „aufs äußerste beteiligt wie aufs äußerste unbeteiligt“ und ausgestattet „mit der Kraft des Anfangs und der Kraft des Endes“, wie es in Ilse Aichingers Beitrag zum Thema „Der Reiz der Wörter“ hieß?

Vor dem Versuch, so schwierige Fragen zu beantworten, sollen hier erst noch ein paar andere Fragen gestellt werden: Fragen an die Kritiker der „Größeren Hoffnung“.

In einer Rezension mit dem Titel „Umgekehrt wie Kafka", erschienen am 15. Juli 1951 in der Halbmonatsschrift „Gegenwart" (wieder abgedruckt in dem Rezensionsband „Zur Literatur", Stuttgart 1981), schrieb Friedrich Sieburg:

Dem Willen, Zeugnis von unserer Zeit abzulegen, steht ein dichterischer Drang gegenüber, der sich um jeden Preis Bahn zu brechen sucht und dadurch dieser bösen Zeit eine Relativität verleiht, die ihr nicht zukommt.

Was ist das für ein Vorwurf? Was zeigt er? An welchem Maßstab wird hier gemessen?

Die zwischen tiefer Bewunderung und tiefem Mißtrauen schwankende Rezension der „Größeren Hoffnung" von Walter Maria Guggenheimer im Heft 12/51 der „Frankfurter Hefte" beginnt so:

Es stehen schwer erträgliche Sätze in diesem Buch. Sätze wie: „Denn die Küsten Gottes sind Flammen über dem finsteren Ozean, und wer landet, verbrennt." „Aber niemals kann das Wort den Mund vergessen, der es gesprochen hat." „Und wie schrecklich wäre es, wenn sich nicht alles drehen würde! Man könnte den Pol nicht mehr finden!" Das sei doch alles sehr schön? Sogar richtig? Gewiß gewiß. Aber wo ist es hingeraten, all dies Schöne und Richtige? In Ellens, des oft zornigen und immer höflichen Kindes Geschichte; in die Geschichte der jüdischen Kinder mit den falschen Großeltern, mit vieren oder auch, um wieviel quälender, mit nur zweien.

Was stimmt an Guggenheimers im Laufe seiner Kritik wechselweise jovial vorgebrachtem und bescheiden wieder zurückgenommenem Vorwurf, es lägen „derart zwei Stil-Ebenen schräg übereinander"?

Wenn Joachim Kaiser in seiner schon mehrfach zitierten Rundfunkrezension im Jahr 1951 schrieb: „Ilse Aichinger nennt ihr Buch ‚Roman', aber in Wirklichkeit sind es acht bis zehn stories, die nur durch die Person der Heldin zusammengehalten werden", und gleich darauf wieder beschwichtigte: „Aber wer fragt viel, ob Roman, ob nicht, wenn *so* erzählt wird" – was stimmt daran und was zeigt es?

Und schließlich: Was ist zu halten von einem Einwand wie

dem in der Süddeutschen Zeitung vom 26./27. Februar 1977 aus Anlaß der Neuausgabe der „Größeren Hoffnung" in der Fischer Bibliothek von Karl Heinz Kramberg vorgebrachten? Er steht in einer Rezension, die sich als – am Ende „mißlungenen" – Versuch der Revision des Urteils nach dem ersten Lesen des Romans im Jahre 1948 darstellt:

Wenn man den Zeitereignissen und Milieuverhältnissen im Hintergrund dieser Prosadichtung so nah ist, wie wir Überlebenden im Jahr 48, dann wird es einem sehr schwer, ja, unmöglich, Ilse Aichingers Romanphantasie überzeugend in Maßen des Wahrscheinlichkeitsglaubens zu finden. Ist es denn nicht absurd, wenn die Autorin es zuläßt, daß ihre kleine Heldin (auch die Stimme der Dichterin bezeichnet sie allerdings mehrmals als krank) sich den Judenstern, den Todesstern, wie sie schon weiß, freiwillig aufnäht, um der geheimnisvollen fremden Macht, auf die das Buch dauernd anspielt, ohne ihren Namen zu nennen, zu beweisen, daß sie wie ihre jüdischen Spielgefährtinnen auserwählt sei für den langen Weg ohne Rückkehr?

Ellens mystische, private, am Ende vielleicht nur pubertäre, jedenfalls ‚schöne' Todträumerei macht in dem ihr verliehenen hochallegorischen Dichterinnen-Idiom aus dem gräßlichsten Massenmord der Geschichte einen quasi sakralen Vollzug.

Dazu ist vorab nur zu fragen, ob denn „jene geheimnisvolle Macht" wohl jemals ihrerseits ihren Namen genannt hat, wenn sie ihre Todesschergen ausschickte, und woher das Mädchen Ellen den wohl hätte wissen sollen.

Doch jetzt die Fragen der Reihe nach, und mit den ersten, den schwierigsten soll begonnen werden anhand eines Versuchs, Ilse Aichingers Roman „Die größere Hoffnung" als Komposition zu verstehen.

„Die größere Hoffnung" als Komposition

> Zu Befehl, es regnet, Nebel
> fällt, die Nacht kommt.
> *(aus dem Kapitel „Flügeltraum")*

Der Roman besteht aus 10 Kapiteln auf 223 Seiten (ich beziehe mich hier und im folgenden auf den Fischer-Jubiläumsband Ilse Aichinger). Das erste Kapitel, 21 Seiten lang, ist überschrieben „Die große Hoffnung". Das zehnte, 23 Seiten lang, heißt „Die größere Hoffnung"; nach ihm also heißt das Buch. Dazwischen acht Kapitel unterschiedlicher Länge (zwischen 16 und 27 Seiten) in sehr unterschiedlichen Erzähltempi, so daß man das Ganze von seiner Musikalität her als Suite bezeichnen könnte.

Das erste Kapitel besteht aus vier Teilen, in dessen erstem man sich erst allmählich zurechtfindet. Es beginnt mit dem Absatz:

> Rund um das Kap der Guten Hoffnung wurde das Meer dunkel. Die Schiffahrtslinien leuchteten noch einmal auf und erloschen. Die Fluglinien sanken wie eine Vermessenheit. Ängstlich sammelten sich die Inselgruppen. Das Meer überflutete alle Längen- und Breitengrade. Es verlachte das Wissen der Welt, schmiegte sich wie schwere Seide gegen das helle Land und ließ die Südspitze von Afrika nur wie eine Ahnung im Dämmern. Es nahm den Küstenlinien die Begründung und milderte ihre Zerrissenheit.

Zehn Zeilen später, mit dem Satz „Eine Fliege kroch von Dover nach Calais", ist es schließlich heraus, daß hier nicht die Erde von irgendeinem Stern aus, sondern eine Landkarte an der Wand betrachtet wird, im schwindenden Tageslicht, das in ein Fenster fällt. Ein Kind steht davor, die kleine Halbjüdin Ellen. Sie simuliert ihren Fluchtweg von Europa nach Amerika, der geflohenen Mutter nach: in einem der vielen Vorzimmer des Konsuls, der Visa vergibt (meist nicht vergibt), und das sie so lange nicht zu verlassen gedenkt, bis sie zu ihm vorgedrungen sein und ein Visum von ihm erhalten haben wird. Sie wartet mit der Geduld und Insistenz eines Kindes. Sie spielt.

Sie riß die Landkarte von der Wand und breitete sie auf den Fußboden. Und sie faltete aus ihrem Fahrschein ein weißes Papierschiff mit einem breiten Segel in der Mitte. Das Schiff ging von Hamburg aus in See. Das Schiff trug Kinder. Kinder, mit denen irgend etwas nicht in Ordnung war. Das Schiff war vollbeladen. Es fuhr die Westküste entlang und nahm immer noch Kinder auf. Kinder mit langen Mänteln und ganz kleinen Rucksäcken, Kinder, die fliehen mußten. Keines von ihnen hatte die Erlaubnis zu bleiben und keines von ihnen hatte die Erlaubnis zu gehen.

Sie spielt das Spiel zuende. Es endet in einem furchtbaren Sturm.

Kohlschwarzes Wasser spritzte über das kleine Schiff. Die Kinder schrien laut um Hilfe. Niemand hatte für sie gebürgt. Keines von ihnen hatte einen Rettungsgürtel. Groß und licht und unerreichbar tauchte die Freiheitsstatue aus dem Schrecken. Zum ersten und letzten Male.

Erst jetzt, mit dem unmittelbar folgenden Satz „Ellen schrie im Schlaf", wird von rückwärts klar, daß das Spiel zu irgendeiner Zeit aufgehört hat, Spiel, und angefangen hat, Traum zu sein. Die gleiche Erzähltechnik also wie in der Introduktion. Traum, Spiel und düstere Außenwelt werden hart gegeneinandergeschnitten, eins nicht weniger wirklich als das andere. Die Bilder der Traum- und Spielwelt werden in der Außenwelt verankert (mit der Landkarte, dem Papierschiffchen), später auch umgekehrt die Bilder der Außenwelt in der Phantasiewelt. Auf eine Versöhnung der beiden Welten ohne Aufgabe des überaus vernünftigen und menschlichen kindlichen Denkens, manchmal bis zur Halsstarrigkeit, ist das Kind Ellen und ist die Geschichte unbedingt aus.

In der vollständigen Exposition dieses Themas (das aus den früher beschriebenen Gründen in der ersten Nachkriegszeit gewiß keine Saison hatte) – in dieser Exposition auf nicht mehr als den ersten drei Seiten des Buches steckt die Kraft seines Anfangs. Doch ist einem solchen Thema weder mit dem von Karl Heinz Kramberg ins Feld geführten Wahrscheinlichkeitsglauben beizukommen noch mit dem „Willen, Zeugnis von unserer Zeit abzulegen", den Friedrich Sieburg der Autorin unterstellt hat.

Größere Insistenz als die der kleinen Halbjüdin Ellen, dieser Verkörperung des heftigen Versöhnungswunsches, ist kaum vorstellbar. Allein der Befund, auf den die Autorin beim Schreiben gestoßen ist, ist ein anderer. Die Stationen des Buches sind immer neue Inszenierungen dieses Wunsches, und immer von neuem wird er in der Kollision der beiden Welten vernichtet. „Die größere Hoffnung" heißt das letzte Kapitel, aber es endet mit Ellens Tod: sie wird von einer explodierenden Granate in Stücke gerissen. Die größere Hoffnung muß also offenbar woanders als auf der – wissenschaftsgläubigen – Wahrscheinlichkeitsebene gesucht werden.

Gegen Ende des ersten Teils des ersten Kapitels, in dem es gänzlich unwahrscheinlicherweise mitten in der Nacht tatsächlich zu einer Begegnung zwischen Ellen und dem Konsul gekommen ist, der fast ebenso unwahrscheinlicherweise bis nach Mitternacht gearbeitet hat und beim Rückzug von seinem trostlosen Amt im Vorzimmer über das am Boden schlafende Kind stolpert, steht der Satz: „Rund um das Kap der Guten Hoffnung wurde das Meer hell." Wir sind also wieder bei der Landkarte, und draußen wird es Tag, der sie von neuem bescheint. Hinter Ellen und dem Konsul liegt ein Gefecht mit Drohungen und Handgreiflichkeiten des verzweifelten Kindes und mit Wörtern und Sätzen aus zwei Welten: der pragmatischen des Konsuls und der von völlig vernünftigen Wünschen besessenen des Kindes. Ellen argumentiert glänzend und praktisch wie alle Kinder, die etwas unbedingt wollen. Der Konsul, geduldig wie alle kinderlieben Erwachsenen, setzt sie immer wieder matt mit Sätzen wie „Das ist nicht so einfach" oder „Wollen wir jetzt sprechen wie vernünftige Leute?" oder „Alle Kinder schlafen. Nur Du nicht" oder „Wäre es nicht möglich, daß Du alles geträumt hast?" oder „Wie bist du hier hereingekommen?". In Ellens Antwort auf diese Frage kommt übrigens zum erstenmal die Sache mit dem Apfel ins Spiel, etwas wie die Landkarte und das Papierschiffchen, das die beiden Welten verklammert: ein Motiv, das, wie viele andere – das Blau, der Mond, die Sterne zum Beispiel –, den ganzen Roman durchläuft. Ellen antwortet nämlich: „Ich habe dem Portier einen Apfel gegeben." Wenig später wird Ellen, im Verlauf ihrer Überredungskünste zur Erlangung des Visums, dem Konsul einräumen, sie werde auch nie wieder Äpfel stehlen (vom Baum der Erkenntnis, ist man geneigt zu ergänzen und wird darin bestätigt am Anfang des neunten Kapitels, an dem ein angebissener Apfel über den Rand eines überfüllten Mülleimers rollt); und noch ein wenig später wird der Konsul, als der, der nun Land gewonnen hat im Disput, also Bedingungen stellen kann, den Satz sagen: „Du wirst auf keinen Fall mehr Äpfel stehlen." Am vorläufigen Ende dieses nächtlichen Wortgefechts, nachdem das Kind ihm als letzte Rettung ein Bild mit dem gemalten Wort Visum zur Unterschrift vorlegt, kommt der übernächtigte Konsul auf die schreckliche Idee, das Kind zu hintergehen. Er fällt in die Sprache der Festtagsredner mit solchen Sätzen: „Du selbst mußt dir das Visum geben. Du selbst mußt es unterschreiben. [...] Jeder Mensch ist im Grunde sein eigener Konsul. Und ob die weite Welt wirklich weit ist, das liegt an jedem Menschen." Der blanke Hohn schaut aus solchen scheinbar so harmlos referierten Sätzen. Es fällt einem dazu der Hohnsatz über den KZ-Toren ein: „Arbeit macht frei". Doch wiederum ist vor Ort der Befund ein anderer. Das Kind droht dem gütigen Ton zu erliegen. Es erliegt ihm vollends, als der Konsul, auf der Höhe seiner Überredungskünste, in die Phantasiewelt des Kindes eindringt mit weitergehenden Sätzen wie diesen: „Siehst du, [...] alle die vielen, denen ich das Visum ausgestellt habe, alle diese werden enttäuscht sein. Der Wind geht nirgends schlafen!" Am Ende unterschreibt das Kind, gutgläubig und hoch fiebernd, sein eigenes Visum und fällt auf der Stelle in jenen tiefen Kinderschlaf, der an Bewußtlosigkeit grenzt.

Eine halbe Seite später dann der Satz: „Rund um das Kap der Guten Hoffnung wurde das Meer hell."

Man kann jetzt den gegenläufigen Aufbau erkennen. Am Anfang des Kapitels und des Romans, als das Kind noch besessen von ängstlicher Hoffnung war, wurde das Meer dunkel um das Kap der Guten Hoffnung (auf der Landkarte). Nach seinem ersten verlorenen Kampf wird das Meer hell.

Darauf nun bezieht Karl Heinz Kramberg seinen Vorwurf des „hochallegorischen Dichterinnen-Idioms", an dem zunächst einmal die Ungenauigkeit des Begriffs „hochallegorisch" festzustellen ist. Denn entweder ist etwas allegorisch oder es ist es nicht. Was ein Dichterinnen-Idiom ist, will ich erst gar nicht fragen. Dennoch ist hier bei allem lächerlichen Chauvinismus etwas richtig gesehen: Es werden nämlich in diesem Roman tatsächlich ununterbrochen Allegorien inszeniert.

Es gibt im letzten Kapitel des Romans „Die größere Hoffnung" zwei Sätze, über die ich während der ganzen Zeit meiner Beschäftigung mit dem Werk der Ilse Aichinger nachgedacht habe, und lange sehr ratlos. Es sind die Sätze: „Das Spiegelbild war zerbrochen. Das Bild muß Sinnbild sein." Sie stehen mitten in der Beschreibung des Infernos am Schluß des Romans, gut eine Seite vor seinem Ende und Ellens Tod. Davor der Satz: „Alles war wie tausend Jahre vorher und tausend Jahre nachher." Womit die Dimensionen dieses Weltenbrandes angezeigt sind und implizit die vergleichsweise geringfügige Zeitspanne markiert ist, die in der Geschichte der Menschheit – wie recht und schlecht auch immer – vom Zeitalter der Aufklärung bestritten worden ist, da gelten sollte, was vernünftig ist, in der Hoffnung, das müsse so einfach wie ein Spiegelbild zu erkennen sein.

Ein allerletzter Abglanz dieser Hoffnung, die unter den in ihrem Namen begangenen Verbrechen unseres Jahrhunderts begraben liegt, ist in Karl Heinz Krambergs selbstverständlicher Voraussetzung eines Wahrscheinlichkeitsglaubens noch enthalten, dessen Brüchigkeit sich schon in der manierierten Sprechweise zeigt, in der sie vorgebracht wird („in Maßen des Wahrscheinlichkeitsglaubens").

Doch wird in diesem Roman, in dem ein in besonderem Maße mit den Gaben der praktischen Vernunft ausgestattetes Kind am Ende von einer banalen Granate zerfetzt wird, ein ganz und gar anderes Plädoyer geführt. Beileibe wird kein neuer Irrationalismus ausgerufen, auch keine Rückkehr zur Natur oder was dergleichen nicht zu Ende gedachter Schlagworte mehr sein mögen. Es ist vielmehr der Versuch, mit den Mitteln einer hinter die literarische Tradition der europäischen Aufklärung zurückgehenden Sprache – zu deren größten Errungenschaften eben auch die Allegorie als das Sinnbild menschlicher Erfahrungen und Eigenschaften gehörte, das nicht wertete, sondern zeigte und so auch die Ambivalenz alles Lebendigen in sich aufhob – gegen die aussichtslos leidvolle Geschichte, die in dem Roman „Die größere Hoffnung" zu erzählen ist, eine Barrikade zu setzen aus literarischen Kindheitsmustern, aus Wörtern, denen es aufgetragen ist, wieder lautlos zu werden – wie es Ilse Aichinger in der Anthologie „Der Reiz der Wörter" beschrieben hat. Der Satz „Rund um das Kap der Guten Hoffnung wurde das Meer hell" ist, im beschriebenen Zusammenhang der Geschichte der kleinen Ellen, ein Satz, „aufs äußerste beteiligt wie aufs äußerste unbeteiligt": verläßlich, indem er sich nicht kümmert. Mit ihm wird sozusagen von vorn angefangen: Er nimmt nicht Stellung, gibt nicht Laut, weder wenn das Meer dunkel, noch wenn es hell wird. Übrigens taucht auch das Kap der Guten Hoffnung noch einmal wieder auf, mitten im Inferno des letzten Kapitels.

Der zweite Teil des ersten Kapitels, in dem Ellen morgens aufwacht und ihre Mutter fort ist (endgültig fort, was sie sehr genau weiß, entgegen allen ihren verzweifelten Künsten, sich das Gegenteil möglichst simpel auszumalen, während sie suchend und schließlich demolierend in der Wohnung herumirrt), beginnt mit dem Satz: „Der Mond wurde blaß." Das ist die Umkehrung des Satzes „Es wurde Morgen" oder „Der Morgen kam." Ein Mensch wird blaß vor Schreck (wie die erwachende, von der Mutter verlassene Ellen), aber der Mond wird einfach nur blaß im kommenden Morgenlicht.

Dieser zweite Teil des ersten Kapitels ist ebenso hart gegen den ersten geschnitten wie innerhalb des ersten Teils die Spiel-, Traum- und Außenweltsequenzen gegeneinander. Was Ellen getan hat, nachdem der Konsul sie mit einem Dienstwagen nach Hause hatte fahren lassen, bleibt im Dunkel. Auf die kontinuierliche Erzählung der Geschichte kommt es nicht an. Das Gewicht liegt auf der genauen Beschreibung, ja Zerdehnung einzelner Augenblicke, und das Beschreibungsinteresse auf der Durchleuchtung aller sprachlichen Verabredungen bis auf den Grund. Woraus sich dann eine neue kindliche Bilderwelt aufbaut, sozusagen die Setzung einer unverabredeten Verabredung, wie in der folgenden Passage des zweiten Teils des ersten Kapitels:

Ellen schrie auf. Sie warf die Decke ab, versuchte sich aufzurichten und griff ins Leere. Mit ihren letzten Kräften rollte sie das Gitter hinab. Sie fiel aus dem Bett. Und sie fiel tief.

Niemand machte den Versuch, sie aufzuhalten. Nirgends war ein Stern, um sich daran zu klammern. Ellen fiel durch die Arme aller ihrer Puppen und aller ihrer Teddybären. Wie ein Ball durch den Reifen fiel sie durch den Kreis der Kinder im Hof, die sie nicht mitspielen ließen. Ellen fiel durch die Arme ihrer Mutter.

Der halbe Mond fing sie auf, kippte heimtückisch wie alle Kinderwiegen und schleuderte sie wieder von sich. Keine Spur davon, daß die Wolken Federbetten waren und der Himmel ein blaues Gewölbe. Der Himmel war offen, tödlich offen, und es wurde Ellen im Fallen deutlich, daß Oben und Unten aufgehört hatten. Wußten sie es noch immer nicht? Diese armen großen Leute, die das Fallen nach unten springen und das Fallen nach oben fliegen nannten. Wann würden sie es begreifen.

Man sieht, wie tief hier der Schnitt an die Wurzel alles Verabredeten gehen soll. Kein Stein dieses Gebäudes soll auf dem anderen bleiben, nicht einmal solche einfachen Grundmauersteine wie die Wörter „springen“ und „fliegen“ sollen verschont werden. Solche Radikalität im Umgang mit den Wörtern reagiert auf die Radikalität des Imstichgelassenwordenseins; sie antwortet auf die Vernichtung der Verabredung einer menschlichen Sozietät, deren Verständigungsmittel, ja, weit mehr, deren Substanz und Ausdruck diese Sprache einst gewesen war.

Ellen, das Kind, ist selbstverständlich, ausgewiesen durch solche fundamentalen Erwägungen inmitten seiner manifesten Verzweiflungen, ein *altes* Kind. Doch würde man mit der Kategorie Wahrscheinlichkeit auch nur um ein weniges genauer und moderner umgehen als es bis heute, im Gefolge einer längst überholten, dereinst aber vergötterten naturwissenschaftlichen Anschauung geschieht (Karl Heinz Krambergs Wortkombination „Wahrscheinlichkeitsglauben" gibt ein unbewußtes Zeugnis davon), dann hätte es ja doch einen hohen Grad an Wahrscheinlichkeit, daß dieses eben schulpflichtige Kind Ellen in wenigen Jahren schon ein paar mehr Lebensphasen durchlaufen hat als ein Kind in weniger zerstörerischen Zeiten. (Gleichwohl ist es bis heute gang und gäbe, dergleichen kluge, das heißt leidgeprüfte Kinder mit dem lächerlichen Wort „altklug" einzumauern – in Wirklichkeit nicht einmal eine lächerliche, sondern eine höchst aggressive Wortbildung.)

Hier sind wir bei dem Neuen, das auf neue Art gesagt werden muß, bei jenem „bestimmten Maß an Häßlichkeit", das, wie Gertrude Stein sagte, einem jeden Meisterwerk anhafte; bei seiner Inkommensurabilität, seinem Querstehen zu allem Bisherigen. Das ist hier mit Händen zu greifen; nicht so sehr im Duktus der Wörter, Sätze und Absätze, nicht in der Musikalität der Sprache der „Größeren Hoffnung", die, wie Joachim Kaiser sehr plausibel anmerkte, etwas von Mahler und Schönberg hat – das alles wird von beinahe allen Kritikern anerkannt –, sondern in der Komposition des Romans: in der Vermischung der Ebenen, die Walter Maria Guggenheimer als „schräg übereinander liegende Stilebenen" diagnostiziert hat; im Auseinanderfallen der Geschichte als Handlungszusammenhang (den es, als Sinnzusammenhang, nach allem auch gar nicht mehr geben kann) in einzelne Stories, das Joachim Kaiser moniert hat; in seinem mangelhaften Zeugnischarakter, den Friedrich Sieburg eingeklagt hat – als sei dies nicht, gerade in der Radikalität, mit der die tiefen Irritationen eines Kindes inszeniert werden, das noch halb in der Welt der Märchen lebt und am liebsten immer weiter jedes Wort glauben würde, mit dem die Mutter und die Großmutter und vielleicht noch ein paar andere Erwachsene ihm das Weltvertrauen erbaut hatten – als sei dies nicht ein Zeugnis der Zeit par excellence. Indessen spricht Karl Heinz Kramberg noch 1977 von Ellens „mystischer, privater, am Ende vielleicht nur pubertärer, jedenfalls ‚schöner' Todträumerei", der Ilse Aichinger das „hochallegorische Dichterinnen-Idiom" verliehen habe, mit dem sie „aus dem gräßlichsten Massenmord der Geschichte einen quasi sakralen Vollzug" mache. Was ist mystisch, was privat, was pubertär, was hochallegorisch; was ist ein Dichterinnen-Idiom, ein gräßlicher Massenmord und ein sakraler Vollzug? Über jedes einzelne ließe sich reden. Das Ganze zusammengenommen ist eine Rute, um nicht zu sagen ein Totschläger. Nicht der „gräßliche [!] Massenmord" nämlich ist das Thema des Buches, sondern die bis zum letzten Augenblick seines Lebens nicht aufgegebene Hoffnung eines Kindes, also eines (noch) kreativen Menschen, es müsse etwas Entscheidendes doch übrigbleiben nach dieser Verwüstung.

Es zeigt sich an den Einlassungen der Kritiker, daß sich in der Bundesrepublik (von einzelnen zu rühmenden Ausnahmen abgesehen, zumeist von solchen Autoren verfaßt, die selbst „erfundene" Literatur schreiben, also Schriftsteller im engeren Sinne sind und also vom Handwerk des Schreibens etwas verstehen) bis heute keine professionelle Literaturkritik in dem Sinne ausgebildet hat, daß sie in der Lage wäre, auf Neues angemessen zu reagieren. Die überwiegende Zahl der namhaften Kritiker ist im wesentlichen orientiert an Kriterien, die an der und für die Literatur des neunzehnten Jahrhunderts entwikkelt worden sind. Ich lese gerade, gegenläufig zum Werk der Ilse Aichinger, Theodor Fontanes Roman „Vor dem Sturm" und habe – ganz hingerissen von dieser wunderbaren Meßtischblatt-Strategie, von der Grazie geordneten Erzählens, von den unvergleichlich beschriebenen Farben und Formen der märkischen Landschaft, von der ironisch eingefärbten Porträtgalerie preußischer und ostpreußischer Adligen, von den ins gemächliche Erzählen eingeschossenen Sottisen, kurzum, von der graziösen Gebrochenheit dieser höchst routinierten Prosa – den untrüglichen Eindruck, es hätten sich jedenfalls die zitierten Rezensenten der „Größeren Hoffnung“ noch immer nicht entschließen können, die Vergewisserung bei dem traurig schönen neunzehnten Jahrhundert (und natürlich nicht nur bei dem deutschen) hinter sich zu lassen und bei dessen wissenschafts- und wahrscheinlichkeitssüchtigem und vor allem schönem Melancholieglauben.

Der dritte Teil des ersten Kapitels der „Größeren Hoffnung“, worin Ellen durch die Straßen irrt, ein weiteres Mal auf der Suche nach dem Weg zum Konsul (was zeigt, daß Wahrscheinlichkeit nicht gefragt ist, denn schließlich war sie da ja schon einmal und müßte den Weg also kennen), beginnt, wiederum hart geschnitten, mit dem Ruf „Nachtausgabe!“. Das Wort, ausgerufen von einem Zeitungsjungen, erfährt sogleich eine Verwandlung, denn dicht hinter ihm lehnt an seinem Zeitungsstand ein Blinder, der es von Zeit zu Zeit wiederholt. „Er sagte es leise und verlangte kein Geld dafür. Wie ein Wald warf er dem Zeitungsjungen alle seine Schreie zurück. Er schien das Ganze nicht für ein Geschäft zu halten.“ Die „Nachtausgabe“, das ist jetzt natürlich der Blinde selbst. Es ist jenes „Spiel mit den Wörtern“, in dem, wie Ilse Aichinger in ihrem Anthologie-Beitrag gesagt hat, der Autor seine eigene Lautlosigkeit in die Lautlosigkeit der Wörter einbringt. Der Blinde korrigiert den Schrei des Zeitungsjungen für ein Erzeugnis aus Kriegsbericht und Kinoprogramm, das die Leute gierig kaufen, durch sein leises Echo. Dies scheint mir das Hauptinteresse der Erzählerin an dieser Episode, in die das Kind Ellen, rasender Autos und schimpfender Fahrer und des wütenden Verkehrspolizisten nicht achtend, über die Kreuzung hineinstürzt, um wenig später ganz gesittet dem Blinden bei der Überquerung der Straße zu helfen. Ausgerechnet ihn fragt sie dann nach ihrem Weg, natürlich mit depremierendem Ergebnis, nicht nur, weil der Blinde blind ist, sondern weil ihn Ellens Problem gar nicht kümmert. Er ist eben eine weitere „Nachtausgabe“ Mensch in diesem Schreckensarsenal.

Schließlich, im vierten Teil des ersten Kapitels, sucht Ellen Zuflucht in einer menschenleeren Kirche und das Zwiegespräch mit einem nun überhaupt nicht mehr lebendigen Menschen, nämlich dem Altarbild des Heiligen Franz Xaver, „von dem in dem alten Buch stand, daß er zwar viele fremde Länder bereist hätte, angesichts des ersehntesten aber gestorben war". Ihn bittet sie um Hilfe, daran zu glauben, „daß irgendwo alles blau wird". Das ist die Wiederaufnahme eines Bildes aus dem ersten Teil des Kapitels. Dort war es der letzte Satz der Suada, mit der der Konsul das Kind überredet hatte, sich das Visum selbst zu unterschreiben. An dieses Bild ist den ganzen Roman hindurch die unausrottbare Hoffnung des Kindes fixiert, oder genauer gesagt: dieses Bild *ist* seine Hoffnung. Vierzehn Zeilen vor Schluß des Romans wird es zum letztenmal aufgerufen: „Hier war die Unordnung nicht mehr zu lösen. Aber dahinter wurde es blau."

Ich habe eine Blau-Liste angelegt für den Roman, auch eine Apfel-, Mond- und Stern-Liste. Die Listen zeigen, daß der ganze Text untergittert ist mit diesen Wörtern und ihren Sätzen. Von diesem Gitter wird die Hoffnung getragen, nicht von der Geschichte. Die Hoffnung hat sich, so könnte man sagen, zurückgezogen auf dieses Sprachgitter, das „im Spiel sich selbst aus dem Spiel läßt", das sich nicht kümmert. Natürlich kann auf solche Weise kein naturalistisches Gemälde entstehen, eher schon so etwas wie ein Bild von Picasso.

Wenn im zweiten (dreiteiligen) Kapitel des Buches, in dem nun die Kinderhorde mit den zwei, drei und vier falschen Großeltern in Erscheinung tritt und am Flußufer auf ein ertrinkendes Kind wartet, um sich durch dessen Rettung zu rehabilitieren, die Kinder sich über ihren Wunsch unterhalten, einmal Kettenkarussel zu fahren bei der nahen Schießbude, und das eine sagt, „es ist verboten, die Ketten könnten reißen", und das andere antwortet: „Unsere Großeltern wiegen zu schwer", so ist das gewiß kein Kinderdialog im herkömmlichen Sinne, schon eher ein Dialog frühzeitig altgemachter Kinder, und eben die hat Ilse Aichinger als Autorin wenn nicht vorgefunden, dann eben im Sinne der neuesten Wahrscheinlichkeit *er*funden.

„Litt Detlev im Waisenhaus?" fragt im zweiten Band von Hubert Fichtes nachgelassener „Geschichte der Empfindlichkeit" die Photographin Irma den Schriftsteller Jäcki. Jäcki antwortet: „Er leidet nicht. Präsens. Das kann er sich nicht leisten. Er lobt es. Er bewundert die Schwestern und preist den Teufel und Alfred und Odel, die ihn quälen. Er genießt das verschimmelte Brot. [. . .] Ich will Detlev listiger machen, als er war. [. . .] Ich will den Topos Kinderlist, Simplicius benützen, um das Besondere der Gestalt dagegen abzuheben." Eine ähnliche Korrektur bringt Ilse Aichinger an den Kindern der „Größeren Hoffnung" an, namentlich an ihrer Hauptgestalt Ellen: mit dem Fluchtpunkt einer in der Sprache aufgehobenen Überlebenshoffnung im Stand einer dennoch geretteten Würde, die man, mit Hubert Fichte, auch Anmut, auch Grazie nennen könnte.

Im dritten Kapitel, überschrieben „Das heilige Land", findet man sich wieder eine Zeitlang nicht zurecht; man weiß nicht, wer eigentlich spricht. Es sieht so aus, als wäre es das Kollektiv der Kinder, das klagt wie der Chor in der griechischen Tragödie. Denn wer sonst sollte so sprechen, wie am Anfang dieses Kapitels gesprochen wird?

Wer den Nachweis nicht bringen kann, ist verloren, wer den Nachweis nicht bringen kann, ist ausgeliefert. Wohin sollen wir gehen? Wer gibt uns den großen Nachweis? Wer hilft uns zu uns selbst?

Unsere Großeltern haben versagt. Unsere Großeltern bürgen nicht für uns. Unsere Großeltern sind uns zur Schuld geworden. Schuld ist, daß wir da sind, Schuld ist, daß wir wachsen von Nacht zu Nacht. Vergebt uns diese Schuld. Vergebt uns die roten Wangen und die weißen Stirnen, vergebt uns uns selbst.

Endlich wird es etwas deutlicher: „Wenn ihr uns verboten habt, im Stadtpark zu spielen, so spielen wir auf dem Friedhof." Doch wissen wir damit auch noch nicht viel mehr als den Ort der Handlung des Kapitels. Die Stimmen indessen gehen weiter hoffnungslos durcheinander. Wie überhaupt dieses dreiteilige Kapitel, in dem die ausgestoßenen Kinder auf dem „letzten Friedhof" Verstecken spielen, einem Begräbnis folgen, mit dem Leichenwagenkutscher für den übernächsten Tag die Flucht über eine dubiose „noch offene Grenze" verabreden, Ellen (um das Geld für die Flucht zu beschaffen) im Auftrag der Großmutter einen alten Bücherschrank verkauft, der knarrt und nach Äpfeln riecht und dessen Scheiben klirren, wenn der Zug vorbeifährt (der Käufer zahlt das Vielfache des Geforderten und holt den Schrank nie ab; zwei glanzvolle Seiten des Buches) und endlich die Kinder die (natürlich vergebliche) Flucht in der Trauerkutsche antreten – wie überhaupt dieses Kapitel vielleicht das dunkelste im ganzen Roman ist (und eins der virtuosesten), weil hier am konsequentesten der Fortgang der Handlung gestört wird durch den Einbruch einer fremdartigen, gleichsam ortlosen Sprache.

Denn nach dem eben zitierten Anfang des Kapitels mündet, nach einigen weiteren Passagen, das kollektive Fragen und Antworten, dessen Gestus immer dringlicher, immer größer wird, in diese Sequenz:

> Wo treffen wir uns wieder, wo wird das Gezeugte bezeugt? Wo wird der große Nachweis für uns alle an den Himmel geschrieben?
>
> Das ist dort, wo die geschmolzenen Glocken Anfang und Ende zugleich läuten, das ist dort, wo die Sekunden enthüllt sind, das kann doch nur dort sein, wo endlich alles blau wird. Wo der letzte Abschied zu Ende ist und das Wiedersehen beginnt. Wo der letzte Friedhof zu Ende geht und die Felder beginnen. Wenn ihr uns verboten habt, im Stadtpark zu spielen, so spielen wir auf dem Friedhof. Wenn ihr uns verboten habt, auf den Bänken zu rasten, so rasten wir auf den Gräbern. Und wenn ihr uns verboten habt, das Kommende zu erwarten: Wir erwarten es doch.
>
> Eins, zwei, drei, abgepaßt, wir spielen Verstecken. Wer sich gefunden hat, ist freigesprochen.

Der Friedhof als Ort, an dem sich die ausgestoßenen Kinder jetzt spielend aufhalten, ist rein aus der Logik der Fragen und Antworten und Hoffnungswörter („wo endlich alles blau wird") hervorgegangen: ein virtueller Schauplatz sozusagen.

Zwei Seiten später steht auch die Anwesenheit der Kinder an diesem Platz wieder zur Disposition: „‚Wer weiß, ob wir überhaupt hier sind', sagt Leon. ‚Wir haben keine Toten, die uns beweisen'". Schließlich kommt eines der Kinder auf die Idee, die Abwesenheit ihrer Toten könne nur einen Grund haben: daß sie noch gar nicht tot sind. Das nächste hakt ein: „Sie haben sich nur versteckt." Das nächste: „Sie spielen mit uns Verstecken!" (Wie Ellen im ersten Kapitel nach dem Verschwinden der Mutter einen Moment lang aus der Vorstellung Trost zu ziehen versucht hat, die Mutter habe sich nur versteckt. Wie es in Mahler/Rückerts Kindertotenlied heißt: „Oft denk' ich, sie sind nur ausgegangen.") Die ganze Friedhofsszene ist im wesentlichen aufgebaut aus diesem Stoff der apokalyptischen Gespräche und Phantasien der von Gott und der Welt verlassenen Kinder: ein finsteres Märchen, das die Ausgestoßenen sich einander erzählen und in dem sie zugleich selbst die Figuren sind. Von Außenwelt kaum eine Spur; nur gelegentlich ein paar Sätze wie die folgenden, die den Leser zu vergewissern scheinen, es handle sich hier um einen wirklich vorhandenen Friedhof: „Nördlich lag die Straße. Von dorther hörte man das Rattern der Straßenbahn [...]". Aber kaum hat man so weit gelesen, heißt es von der Straßenbahn auch schon weiter, sie mache an diesem „letzten Friedhof" keine Station und fahre so schnell vorbei, „als hätte sie Angst, als wollte sie den Kopf wegdrehen, wie das die Menschen tun". Wie aufgeschluckt vom so bitteren wie reichen Gedankenkosmos der Kinder erscheint von seinem Ende her auch dieser Satz, und sein nachhaltigster Realismus beruht auf der „aufs äußerste beteiligten wie aufs äußerste unbeteiligten" Mitteilung der Erfahrung der Kinder: daß Menschen, die Angst haben, den Kopf wegdrehn.

Im virtuellen Licht der bisherigen Szene erscheint auch das nun folgende Begräbnis entwirklicht, das Begräbnis ohne Trauergäste bei Einbruch der Dunkelheit, dem die Kinder, alle ihre sonstige längst routinierte Vorsicht vergessend, auf dem langen Weg zur Grabstelle folgen. Und vollends die letzte Szene dieses Kapitels, die vergebliche Flucht in der Trauerkutsche, die wiederum einem kollektiven Klagelied aus Fragen und Antworten entsteigt wie hervorgezaubert, ist eher eine Mischung aus Märchen, Burleske und surrealistischer Poesie („Der Himmel war aus blauem Glas, und die roten Buchstaben am Weg stießen sich die Köpfe blutig") als eine naturalistische Erzählung, auf die die Urteilskriterien der zitierten Kritiker des Romans allenfalls passen würden. Eher eine große Phantasmagorie aus der Neuen Welt, bevölkert von allerlei Figuren aus der Alten Welt, die unterwegs auf die Trauerkutsche aufspringen und die sich die Kinder, so sieht es vom Kapitelschluß her aus (und wieder geben sich die Erzählebenen erst nachträglich zu erkennen), wohl im Schlaf der Erschöpfung zusammengeträumt haben (wer etwa was geträumt haben könnte, wird nirgends erkennbar und soll wohl auch, der Anlage des Kapitels nach, im Dunkel bleiben): bevölkert von Figuren mit einer schönen anarchischen Kraft gegen die Ohnmacht dieser Verratenen, die längst und mit Recht befürchten, im Kreise herum kutschiert zu werden für ihr teures Geld. Da ist der liebe Augustin mit dem Dudelsack aufgesprungen, Columbus mit der Weltkugel, David, der Knabe mit dem schwarzen Kraushaar und der Leier, der sich vorstellt als „König David, auf dem Weg ins Heilige Land".

Das vierte Kapitel des Romans, überschrieben „Im Dienst einer fremden Macht", worin eine zweite Kinderhorde auftritt, eine Horde junger Uniformierter, die vom Dachboden aus dem heimlichen Englischunterricht lauscht, den ein alter Mann den Ausgestoßenen gibt, die schließlich dessen Dachstube demoliert und den Alten verwundet, beginnt mit einem großen, kraftvollen und von der Kritik vielbewunderten Bild, dessen einzelne Bestandteile sich dann leitmotivisch durch das ganze Kapitel ziehen. Es ist eine Wetteranzeige, genauer die Anzeige der hybriden (politischen) Großwetterlage.

Die Wolken reiten Manöver, mitten im Krieg reiten sie Manöver, reiten still und tänzelnd und tief über den Dächern der Welt, tief über diesem Niemandsland zwischen Verrat und Verkündigung, tief über der Tiefe. Die Wolken reiten schneller als die blauen Dragoner in dem Lied, sie tragen keine Uniform, verharren im Wechsel und erkennen sich doch. Die Wolken reiten quer über Weizen- und Schlachtfelder und über die verschütteten Steinbaukästen, die Städte genannt werden. Die Wolken reiten Manöver, mitten im Krieg reiten sie Manöver, und ihre heimliche Lässigkeit macht sie verdächtig.

Reiter im fremden Dienst. Das Ganze halt, herab mit euch!

„Reiter im fremden Dienst" ist das Stich- und Kennwort beider Kindergruppen: Kennwort der nicht uniformierten, zum Untergang bestimmten, deren Zweifel, ob das Erlernen einer fremden Sprache angesichts der längst geschlossenen Grenzen noch Sinn hat, immer stärker werden – und auch dafür, das Deutsche zu verlernen, um die Schmähungen der Verfolger nicht mehr zu verstehen, scheint es zu spät –; Kennwort aber auch der uniformierten, zum Überleben bestimmten, die ebenfalls vom Zweifel am Sinn und der Zukunft ihres Tuns befallen sind angesichts dessen, was die Urlauber von der Kriegsfront berichten. Diese sind Kinder wie jene: ohne eine Vorstellung vom Ganzen, in dessen Dienst sie stehn. Auch sie reden in diesem Kapitel, wie üblicherweise Kinder nicht reden, auch ihnen ist eine kollektive Stimme verliehen, die nicht nur ihre und nicht nur die Stimme der Erzählerin ist:

Wir dürfen nicht Atem holen, sonst versprengt uns der Wind. Sonst müssen wir nachdenken, sonst werden wir zerstreut, sonst werden wir deportiert wie die Kinder in der Mansarde. Wir dürfen nicht Atem holen, sonst sind wir verloren. [. . .]

Deshalb tragen wir die Uniform, daß wir nicht allein sind. Daß wir niemals lächerlich werden vor uns selbst, daß wir niemals hilflos werden vor unseren eigenen Augen. Lächerlich, hilflos, allein, das sind die andern. Die im letzten Stockwerk, die ohne Uniform.

Glaubt nicht, daß wir schlecht informiert sind! Wer keine Uniform trägt, der bleibt allein, wer allein bleibt, denkt nach, und wer nachdenkt, der stirbt. Weg damit, das haben wir gelernt.

Doch geht es hier ebensowenig um eine Psychologie der Täter (bzw. ihres bereits von der Angst heimgesuchten Nachwuchses), wie es in den kollektiven Klagen der Verstoßenen im vorigen Kapitel um die Psychologie der Opfer gegangen ist. Das Interesse der Erzählerin gilt der Sprache und ihren Emanationen in den Köpfen der Kinder – dieser und jener. Nicht umsonst ist die eben zitierte Passage kontrapunktisch angebunden an das Lied von den blauen Dragonern, das eben noch aus dem Lautsprecher der Amtsstube der jungen Uniformierten scholl. Die Sprache ist also in dem Sinne eine gewichtige Mitspielerin, ja Hauptagentin, daß sie, mehr als sie entlarvt wird, selbst aufdeckt, was vor sich geht. Wieder, wie im ersten Teil des ersten Kapitels, bestreitet sie die Gegenstimme zu den Ereignissen, nur hier umgekehrt wie dort, wo rund um das Kap der Guten Hoffnung das Meer hell wurde, als das Kind Ellen im Bewußtsein seiner Niederlage bewußtlos wurde. Denn hier scheint am Ende der Frieden zwischen der Gruppe der Ausgestoßenen und der der Uniformierten noch einmal wieder hergestellt durch die Faszinationskraft des weisen alten Mannes; doch die Sprache entlarvt das Gegenteil. Der Alte gibt den Kindern ein Rätsel auf:

Weshalb pfeifen die Drosseln, weshalb reiten die Wolken, weshalb funkeln die Sterne? Weshalb lernt man Englisch, wenn es vergeblich ist? Alles aus demselben Grund. Und ich frage euch, wißt ihr ihn? Wißt ihr ihn jetzt? Wie heißt euer Verdacht?

Es reimt darauf der Anführer der Uniformierten: „Im Dienst einer fremden Macht!" Das Kapitel endet hiernach mit der Zeile: „‚Der Verdacht stimmt', sagte der alte Mann."

Die Wendung „Im Dienst einer fremden Macht" enttarnt sich damit als jene ideologische Formel, mit der die Vernichtung der Juden dem Willen des Volkes unterschoben werden konnte: gemäß der schon aus dem neunzehnten Jahrhundert stammenden Verschwörungstheorie, derzufolge die Juden ein weltweites Netz zur kapitalistischen Ausbeutung der Völker aufgebaut hätten. Diese Theorie ist ein Ferment in Hitlers jedem heiratenden NS-Bürger auf den Gabentisch verschriebenen Buch „Mein Kampf", das angeblich niemand gelesen und niemand ernst genommen hat. Wenn der alte Mann dem Anführer der jungen Uniformierten antwortet: „Der Verdacht stimmt", so meint er natürlich eine andere fremde Macht als jener. Womit der Krieg, allem Anschein des Friedens und der

Übereinkunft zum Trotz, von neuem erklärt ist. Es ist die Sprache, als selbständige Mitspielerin der Szene, die diesen Sachverhalt zutage gefördert hat.

Leitmotiv des fünften Kapitels, überschrieben „Die Angst vor der Angst", das aus vier Teilen besteht, ist der Stern. Im ersten Teil heftet sich Ellen, den Warnungen der Großmutter zum Trotz, den Judenstern an den Mantel, um endlich den Freunden ebenbürtig zu sein, und macht als erstes die Erfahrung, daß sie die Geburtstagstorte für den Freund Georg nicht nur nicht mehr kaufen kann, sondern darüber hinaus auch noch aus der Konditorei geworfen wird. Im zweiten Teil findet Georgs Geburtstagsfeier, nun ohne Ellen und die Torte, in schrecklicher Beklommenheit statt, nicht nur wegen Ellens und der Torte Abwesenheit, sondern vor allem, weil durch die Wand ununterbrochen ein schreckliches Weinen dringt und plötzlich, zunächst geflüstert, dann ausgeplaudert, der Satz im Zimmer steht „Der Stern bedeutet den Tod". Im dritten Teil irrt Ellen mit dem geheimnisvollen Erkennungszeichen am Mantel und der neuen Erfahrung in den Eingeweiden durch neblige Straßen und kommt schließlich bei der Freundin Julia an, die nicht mehr zur Horde gehört, weil sie sich weigert, den Stern zu tragen und überhaupt noch aus dem Haus zu gehen und jetzt ein Amerika-Visum hat und die Koffer packt, was Ellen mit so bitterem Neid erfüllt, daß das Gespräch der Mädchen sich zu einer Prügelei auswächst. Darüber tritt Anna ein, der sechzehnjährigen Julia zwanzigjährige Freundin und Nachbarin, um sich zu verabschieden vor ihrer Reise in die entgegengesetzte Richtung. An dieser Stelle kommt der Stern auf eine ausgesprochen witzige Art ins Spiel. Ellen, die im Geraufe mit Julia eben mit der Stirn gegen eine Kante gestoßen ist, offenbar also „Sterne sieht", begrüßt Anna mit dem Satz: „Ich glaube, Ihr Stern leuchtet." Und Anna antwortet: „Ich habe ihn gestern frisch gewaschen. [. . .] Wenn ich ihn schon trage, so soll er auch leuchten." Aber dann hört Ellen zum erstenmal ausgesprochen, wovor alle sich die ganze Zeit schon zu Tode fürchten. Es ist „die Aufforderung nach Polen".

„Was wirst du tun?" fragte Julia erstarrt.
„Fahren", sagte Anna.
„Nein, das meine ich nicht. Ich meine – was erhoffst du?"
„Alles", sagte Anna. Und der Glanz einer größeren Hoffnung überflutete wieder die Angst in ihrem Gesicht.
„Alles?" sagte Ellen leise. „Alles – haben Sie gesagt?"
„Alles", wiederholte Anna ruhig. „Ich habe immer alles erhofft. Weshalb sollte ich es gerade jetzt aufgeben?"
„Das –" stammelte Ellen, „das habe ich gemeint. Das bedeutet der Stern: alles!"
Julia sah verwirrt von einer zur andern.
„Wartet!" rief Ellen. „Es dauert nicht lange, ich hole nur die andern." Und ehe jemand sie aufhalten konnte, hatte sie die Tür hinter sich zugeschlagen.

Es folgt, im vierten Teil des Kapitels, in dem es der listigen Ellen gelungen ist, die traurige Geburtstagsgesellschaft in die Wohnung der abtrünnigen Julia zu holen, eine Art Unterweisung der von Todesangst erfüllten Kinder, die von den Erwachsenen immer nur Andeutungen hören und damit jonglieren wie mit schlecht zugespielten Bällen, durch die besonnene, Gelassenheit ausstrahlende ältere Leidensgenossin, deren Schicksal bereits besiegelt ist. Es ist ein sehr merkwürdiges Gespräch zwischen Anna und den fragenden Kindern, das die zwei letzten Seiten dieses Kapitels füllt; fast könnte man es mit einem modernen Wort Sterbehilfe nennen. Anna spielt mit den Kindern deren Angst durch.

„Wir wollen wissen, was der Stern bedeutet!" rief Kurt. „Was wird mit uns geschehen?"
„Wenn es finster wird", sagte Anna, „wenn es sehr finster wird, was geschieht dann?"
„Man hat Angst."
„Und was tut man?"
„Man wehrt sich."
„Man schlägt um sich, nicht wahr?" sagte Anna. „Man merkt, daß es nichts nützt. Es wird noch finsterer. Was tut man jetzt?"
„Man sucht ein Licht", rief Ellen.
„Einen Stern", sagte Anna. „Es ist sehr finster um die Geheime Polizei."

„Sie glauben – – glauben Sie das wirklich?" Unruhe entstand unter den Kindern. Weiß und wild strahlten ihre Gesichter.

Schließlich kommen die Kinder von selbst darauf, daß die „Geheime Polizei" Angst hat. „Sie *ist* Angst", repliziert Anna, und weiter heißt es: „Der Glanz in ihrem Gesicht vertiefte sich." Und wenig später, von wem gesagt, ist hier wie schon vorher nicht mehr angezeigt, der Satz, der der Kapitel-Überschrift das Stichwort geliefert hat: „Angst vor der Angst, das hebt sich auf!" Ein Satz, der die Kinder, nicht zuletzt dank seiner unbestreitbaren Komik, zu einem Freudenausbruch bringt. Es ist wie eine spontane Wiederherstellung ihrer so tief gestörten Identität durch die Freiheit des Gedankens. Eine ergreifende kleine Szene. Doch der Kapitelschluß belehrt uns auch hier wieder eines Schlechteren:

„Laßt euch nicht irreführen", sagte Anna ruhig, „das ist alles, was ich euch raten kann: Geht dem Stern nach! Fragt nicht die Erwachsenen, sie täuschen euch, wie Herodes die drei Könige täuschen wollte. Fragt euch selbst, fragt eure Engel."
„Der Stern", rief Ellen und ihre Wangen glühten, „der Stern der Weisen, das habe ich gewußt!"
„Habt Mitleid mit der Geheimen Polizei", sagte Anna. „Sie haben schon wieder Angst vor dem König der Juden."
Julia stand auf und zog fröstelnd die Vorhänge zu. „Wie finster es geworden ist!"
„Um so besser", sagte Anna.

Insbesondere dieses Kapitel ist Ilse Aichinger von ihren Kritikern heftig angekreidet worden, so, als habe sie als Autorin sich der Verharmlosung jener äußersten Blasphemie schuldig gemacht, die die Nazis bewog, sich zur Aussonderung und Vernichtung eines ganzen Völkerstammes ausgerechnet seines heiligsten Zeichens zu bedienen, des ehrwürdigen Davidsterns. Doch sitzt dieser Vorwurf einem klassischen Rezensentenfehler auf: der Verwechslung der Meinung eines Autors mit den Meinungen seiner Figuren. Und Anna ist, mit ihrem kurzen Auftritt in diesem Roman, eine seiner ganz unvergeßlichen: weniger wegen ihres radikalen Pazifismus, der ohne die vielgeschmähte Feindesliebe nicht auskommt, als wegen des Zaubers, den sie, eine selbst schon Verlorene, für eine kurze Spanne Zeit auf die verstoßenen Kinder auszuüben vermag.

Das sechste Kapitel, überschrieben „Das große Spiel", könnte man eine Inszenierung der Gedanken nennen, die Anna den Kindern zum Abschied mit auf den Weg gegeben hat. Wiederum ist es hart gegen das vorige Kapitel geschnitten; wir befinden uns sogleich mitten im Spiel: dem Dreikönigsspiel mit Maria, Joseph, dem neugeborenen Kind, einem kleinen Hund statt des Esels (neue Mutprobe, neue Angstquelle, denn Juden dürfen keine Haustiere halten), mit den als Landstreicher verkleideten drei Königen (die Herodes zu täuschen haben), mit dem Verkündigungsengel, mit der Welt, dem Frieden und dem Krieg, denen in dem Spiel auch eine Rolle zugefallen ist, damit alle mitspielen können. Gespielt wird das Spiel von den ausgestoßenen Kindern in einer weiter eingetrübten, weiter eingeengten Szenerie: einem kalten, dunklen Zimmer in einem Haus, das mittlerweile per Zuweisung zu einem Asyl für zum Abtransport bestimmte Personen geworden ist. Die Rolle der Welt erfleht sich Ellen, die von den Ausgestoßenen noch immer Ausgestoßene, weil sie nicht abgeholt werden wird wegen ihrer nur zwei „falschen" Großeltern. Auf den Einwand, diese Rolle habe schon Hanna, murmelt sie: „Heute nacht geholt worden." Die Kinder stürzen sich nach dieser Botschaft kommentarlos und fiebrig wieder in ihr Spiel, gegen „die Sturzflut der Qualen", wie es wenig später heißt. Aber dann kommt die abwesende Hanna noch einmal ins Spiel wie das Echo der schon früher verschwundenen Anna. Hanna hatte sieben Kinder haben wollen und ein Haus an der schwedischen Küste mit hohen Fenstern und leichten wehenden Gardinen, die sie längst genäht hatte. Eine davon hatte sie Ellen beim Abschied gegeben für die Kinder und das Spiel. Maria will sie als Schleier haben und vergißt darüber das Bündel in ihrem Arm, legt es beiseite. Über ihre unverhoffte Schönheit in diesem hoffnungsträchtigen Schleier entbrennt wieder Ellens beißender Neid, und es kommt auch in diesem Kapitel zu einer Rauferei zwischen ihr und der sehr weltlichen Jungfrau Maria. Wieder zeigt sich, wie wenig das hinreißend lebendige Kind Ellen eine Repräsentantin der harmonia mundi ist. Frau Welt zürnt, speit und beißt vielmehr wie die Welt selbst. Eine Allegorie neuestzeitlicher Machart. Doch die Kinder wollen von ihrem von Anna erhaltenen Auftrag nicht lassen. An dieser Stelle des Kapitels kommt das Echo des vorigen Kapitelschlusses ins Spiel.

„Hanna hätte den Schleier behalten sollen, vielleicht hätte er sie beschützt."
„Man behält nur das, was man hergibt."
Die Kinder hoben erschrocken die Köpfe. Niemals wurde es klar, wer das gesagt hatte. Die lichte Stimme des Engels in einem finsteren Traum. Man behält nur das, was man hergibt. Gebt ihnen also, was sie euch nehmen, denn sie werden immer ärmer davon. Gebt ihnen euer Spielzeug, eure Mäntel, eure Mützen und euer Leben. Schenkt alles weg, um es zu behalten. Wer nimmt, verliert. Lacht, wenn sie euch die Kleider vom Leib und die Mützen vom Kopf reißen, denn man behält nur das, was man hergibt. Lacht über die Gesättigten, lacht über die Beruhigten, die Hunger und Unruhe verloren haben, die kostbarsten Gaben, die dem Menschen verliehen sind. Schenkt euer letztes Stück Brot weg, um den Hunger zu bewahren, gebt das letzte Stück Boden auf und bleibt in Unruhe. Werft den Glanz eurer Gesichter in die Finsternis, um ihn zu verstärken.
„Spielt weiter!" sagte Leon.

Mit diesem letzten Satz wird der griechische Chorus, wird die christliche Bergpredigt ins Hier und Jetzt zurückgeholt. Und das Spiel der Kinder nimmt einen neuen kurzen Aufschwung mit der Wechselrede zwischen den Königen und Maria und Joseph:

„Der Weg war weit, den wir kamen,
wir haben fremde Namen
auf dieser Welt."
„Aber in unseren Armen
halten wir Gottes Erbarmen,
wie es uns hält."

„Und tragen sein Verlangen,
die Menschen zu umfangen,
in diesem Kind.“
„Und tragen alle Schmerzen
von Gottes verstoßenem Herzen
durch Dunkel und Wind.“

Josef und Maria blieben ermattet stehen, versuchten sich gegenseitig ins Gesicht zu schauen, aber man sah nicht mehr viel. Auch die Gesichter der übrigen versickerten wie helle Farben in die Schwärze der Schatten. In dieser zunehmenden Undeutlichkeit wurde klar, wie unerreichbar eines für das andere war, wie unerreichbar für sich selbst und den Rest aller Verfolger.
Maria schrak zusammen.

„Doch wir sind nicht allein,
schau hier die drei Gesellen an!“

Sie packte Josef am Ärmel und deutete auf die schlafenden Landstreicher vor der Kommode.

Man sieht, wie hier Außenwelt und Innenwelt, Hoffnung und Verzweiflung einander durchdringen, eine der Spiegel der anderen. Die Kinder spielen ihre eigene Lage im fremden Text.

Die Bedrohung von außen lastet übermächtig auf diesem längsten der zehn Kapitel, denn dreimal während dieses inständigen Versuchs der Kinder, bei der Vertiefung in ihr Spiel die Todesangst zu vergessen und die Welt und sich selbst besser zu verstehen, läutet es Sturm und versetzt die Kinder in Panik. Beim ersten Mal ist es nur Ellen, der insistente Eindringling in die Gruppe mit Hannas Gardine. Beim zweiten Mal ist es „der Herr von drüben“, der „Herr, der ihnen helfen wollte“. Aber er ist ein Judas, der die Kinder vergeblich zu täuschen sucht mit der Botschaft: „Es ist alles abgeblasen. Die Deportationen nach Polen sind eingestellt“; ein Judas, der der Maria im Spiel, das heißt der kleinen Bibi, die einmal Tänzerin werden wollte, nach ihrer Äußerung „Ich will, daß mir noch jemand die Hand küßt“ nach kurzem Zögern in einem plötzlichen Entschluß die Hand küßt.

Die drei Klingelszenen („... noch ehe der Hahn dreimal kräht ...“) sind im Kapitel drei Engführungen zwischen Spieltext und Lebenstext. Zweimal spielen die Kinder in ihrer Panik ihr Spiel noch eine lange, sich endlos zerdehnende Weile weiter und lassen das Klingeln zum Sturm anwachsen, bevor sie abbrechen, sich ergeben und öffnen. Beim dritten Mal stürzen sie gleich zur Tür, und – letzter Satz des Kapitels – „Wie eine große tanzende Flamme schlug ihr Spiel über ihnen zusammen." (Letzte versprengte Nachrichten über die deportierten Kinder tauchen im achten Kapitel auf.)

Im siebten Kapitel, überschrieben „Der Tod der Großmutter", finden wir Ellen allein mit der „falschen" Großmutter in der ihr zugewiesenen schäbigen kleinen Behausung mit dem viel zu kleinen Kinderbett, nun auch beraubt der Gesellschaft der ausgestoßenen Kinder, wie sie eine Nacht lang vergeblich gegen den Tod kämpft, den Selbstmord der alten Frau, die lieber endlich tot sein will als weiter mit dieser tag- und nächtlichen Deportations- und Todesangst leben. Ellen hat ihr das Gift versteckt, mit dem sie sie am Ende doch „füttert wie ein Spatz sein Junges".

Dieses Kapitel nun, das Ellen auf der Höhe ihrer Lebens- und Phantasiekraft und in der Tiefe einsamster Verzweiflung zeigt (sie wird sich in den folgenden Kapiteln noch weiter hinauf- und hinabschwingen), ist eine meisterhafte Komposition aus den Umkehrungen alter literarischer Stoffe (aus Tausendundeiner Nacht und Grimms Märchen) und anderen alten Motiven wie der Vertauschung von Traum und Leben und dem Sprechen und menschlichen Handeln der Natur angesichts des Verstummens und der Lähmung der Menschen. So kommt es, entsprechend dem Presto-Einsatz des vierten Kapitels mit den Wolken („Die Wolken reiten Manöver, mitten im Krieg reiten sie Manöver, reiten toll und tänzelnd und tief über den Dächern der Welt [...]") hier zu einem Einsatz in gemächlichem Tempo über dreieinhalb Seiten hin mit der Nacht, der in vorwegnehmender Beschwichtigung die Fähigkeiten, Tätigkeiten und Eigenschaften, Gedanken, Hoffnungen und Befürchtungen übertragen sind, die den Menschen in diesem Kapitel mehr und mehr abhanden kommen. Das beginnt so:

Die Nacht sprang vom Himmel. Schnell und neugierig wie ein immer wieder heimlich erwartetes feindliches Bataillon. Schweigend öffneten sich die schwarzen Fallschirme. Die Nacht sprang vom Himmel.

Wenig später heißt es, in einer schönen Mischung aus Heiterkeit und Freudsche Wiener Funde persiflierender Ironie:

Zeitweilig kam dieser Märznacht die Lust zu weinen, aber Tränen hielt ihr Auftrag für sie nicht bereit. Deshalb versuchte sie sich zu erheitern und setzte den Schläfern Nachtmützen auf den Kopf. Wie ihr ausseht mit euren eingedrehten Locken und euren schlotternden Strümpfen, dachte sie, wieviel Spangen und Bänder ihr braucht, um sicher zu sein. Sie hielt die Träumenden auf, die in Scharen aus ihrem Bewußtsein flohen, und ließ sie wie ein heimtückischer Zollwächter in alle Grenzflüsse fallen. Dort ruderten sie bis zum Morgen verzweifelt mit Armen und Beinen, stiegen dann erschöpft und verquollen wieder in ihr Bewußtsein zurück und versuchten, Träume zu deuten, die sie nicht gehabt hatten.

Endlich macht sie, die Nacht, auf der dritten Seite des Kapitels die kleine Ellen in ihrem Elend mit der Großmutter ausfindig, und von hier an verläuft das Kapitel zweistimmig, nämlich im Wechsel zwischen Ellens Dialogen und Kämpfen mit der Großmutter und ihren einsamen Monologen einerseits und den Gedanken, Kommentaren und von Ellen ungehörten Antworten der Nacht auf ihre also nur scheinbar ins Leere gestellten Fragen andererseits. Abermals also eine Erfindung der Autorin zur Korrektur eines objektiv trostlosen Befundes bei seiner Überführung in ein literarisches Werk. Es ist jene Rückverwandlung der kruden Welt der sogenannten Fakten in die Summe ihrer besseren Möglichkeiten, die André Breton einmal als die Wirklichkeit der Kunst bezeichnet hat.

„Die Nacht", heißt es am Anfang des Wechselspiels, „hatte die Arme auf das Fensterbrett gelegt, ihre Schleppe flatterte über die Dächer und ihre Augen verströmten in den kleinen armseligen Raum." Und sechs Zeilen später: „Ellen hatte den Kopf in die Arme gegraben, stellte sich schlafend und beobachtete angestrengt ihre Großmutter, während die Großmutter auf der Bettkante saß und angestrengt zu Ellen hinübersah."

Dem nun folgenden, nur dem Leser, nicht der Protagonistin hörbaren Dialog zwischen ihr und der wunderbarerweise sprechenden Nacht verdanken wir die Existenz dieses Kapitels. So wie sie sich ereignet haben mag, sozusagen nackt und bloß, wäre die Geschichte *dieser* Nacht wahrscheinlich nicht aufschreibbar gewesen. Der Einwand von Walter Maria Guggenheimer, es lägen „derart zwei Stil-Ebenen schräg übereinander", erweist sich von daher gerade umgekehrt als die Bedingung der Möglichkeit dieses Buches.

„Flügeltraum" heißt das achte Kapitel und führt somit schon im Titel sein poetisches Programm der Rückverwandlung aller auch hier eigentlich aussichtslosen Begebenheiten in die Summe ihrer besseren Möglichkeiten. Es ist ein Kapitel, in dem viel passiert und virtuos erzählt wird, nämlich ein Schelmenstück nach dem andern und so schräg wie irgend möglich: als wäre nun endlich die Welt aus allen Angeln. Ein Lokomotivführer vergißt drei Minuten vor Abfahrt des Zuges das Ziel der Fahrt und bringt eine ganze Station zur Raserei; das Kind Ellen, nunmehr vogelfrei, ohne Großmutter, ohne Freunde, mischt sich in das anarchische Spiel ein, wird von Polizisten verfolgt, und es beginnt eine wilde und so wie die Sprache sie inszeniert fast fröhliche Jagd, an deren Ende Ellen ihren letzten Verfolger, einen sehr jungen Polizisten, ihrerseits bei seinem Rückzug verfolgt und sich von ihm am Ende freiwillig auf die Wachstube bringen läßt; der sehr junge Polizist, beim Rapport vor dem Oberst, gibt die merkwürdigsten Sätze von sich (wie vorher schon der Lokomotivführer); Ellen, beim Verhör durch den Oberst, verhält sich wie ein Routinier, der seine Rechte kennt und nichts mehr zu verlieren hat („‚Geboren?' ‚Ja'"), und stiftet mit ihren schrägen Sätzen aus der anderen Stilebene den Protokollanten zum Aufruhr an:

„Soll ich schreiben?" fragte der Schreiber.
„Schreiben Sie", schrie der Oberst. „Schreiben Sie alles auf."
„Er schreibt es nieder", sagte Ellen schnell, „schreiben Sie nicht, schreiben Sie nicht, man muß es wachsen lassen."
„Papier ist ein steiniger Boden", sagte der Schreiber erschrocken und

starrte blinzelnd um sich, „wahrhaftig, ich habe zu viel notiert, mein ganzes Leben habe ich zu viel notiert."

Das nächste Opfer von Ellens süßer Anarchie ist – vorübergehend – der Oberst selbst:

„Wo bist du zu Hause?" sagte ein dicker Polizist und beugte sich zu ihr herab.
„Wo ich gewohnt habe", sagte Ellen, „war ich noch nie zu Hause."
„Wo bist du dann zu Hause?" wiederholte der Polizist.
„Wo Sie zu Hause sind", sagte Ellen.
„Aber wo sind wir zu Hause?" schrie der Oberst außer sich.
„Sie fragen jetzt richtig", sagte Ellen leise.
Der Oberst schloß die Augen. Als er die Hand von den Lidern nahm, war das Licht der Wachstube blasser. Die Barriere tanzte vor seinen Augen. Ich könnte jetzt befehlen, dachte er verzweifelt, daß diese Barriere verschwindet.
Diese tanzende Barriere zwischen Eingelieferten und Ausgelieferten, zwischen Einbrechern und Einbrechenden, diese schwankende Barriere zwischen Räuber und Gendarm.
„Wo sind wir zu Hause?" wiederholte der dicke Polizist.
„Schweigen Sie!" schrie der Oberst. „Sprechen Sie, wenn Sie gefragt sind."

Dann fliegt, mitten im Verhör, „ein nasses, blutiges Bündel" vor Ellens Füße: Bibi, die eitle kleine Maria aus dem sechsten Kapitel des Buches, aufgebracht aus ihrem Versteck nach der Flucht aus dem Lager vor der Deportation. Der Leser erfährt die letzten Nachrichten von den verstoßenen Kindern und wundert sich, daß in dieser Wachstube die beiden Delinquenten überhaupt miteinander sprechen dürfen, doch auch dies ist in diesem Kapitel möglich. Sogar eine lange Trostpredigt von Ellen an Bibi ist möglich, in nun schon fernem Echo auf den Zuspruch der abschiednehmenden Anna aus dem fünften Kapitel an die ausgestoßenen Kinder. Man ist erinnert an die Geschichte vom zwölfjährigen Jesus im Tempel; denn auch der Oberst mischt sich, wenn auch murrend, in die Unterweisung ein und muß sich, zusammen mit den anderen Priestern der „fremden Macht", gefragt sein lassen (hier fällt zum zweitenmal das Stichwort der Kapitelüberschrift): „Warum habt ihr eure Flügel zerbrochen und gegen Stiefel vertauscht?"

Man sollte ein solches Ereignis für undenkbar halten, doch das Kapitel erlaubt es: ein Flügeltraum. Es bringt auch noch weitere Emanationen hervor, wenngleich das aufgebrachte Kind Bibi dann doch abgeführt wird, wenngleich der Oberst am Ende doch zu seinem Urteilsspruch über Ellen kommt, wenngleich Ellen die Nacht über unter Aufsicht zweier Polizisten festgehalten wird zur Überstellung an die „Geheime Polizei" am nächsten Morgen. Doch endet das Kapitel mit einem weiteren Wunder. Wieder, wie schon in früheren Kapiteln, produziert die poetische Stilebene eine neue reale Situation:

Leise muß man singen, wenn es finster wird, leiser, noch viel leiser, so wie Kinder singen hinter verschlossenen Läden. Was singen sie, was singen sie? Ellen bewegte sachte ihre langen Beine. Die Polizisten taten, als hätten sie nichts gehört. Herrschsüchtig tickte die Uhr, aber es war vergeblich: die Bekanntmachungen rings an den Wänden wurden von Minute zu Minute unbekannter. Die Verlautbarungen flüsterten nur mehr und verstummten endlich vor dem fremden Lied. Was singt es, was singt es? Stoßt die Läden auf!

Die Polizisten stemmten ihre Stiefel fester in den harten, hölzernen Boden. Einer von ihnen stand auf und setzte sich erschrocken wieder nieder. Der andere strich mit der Hand die Stirne höher. Sie begannen zu sprechen und husteten laut, aber es half nichts mehr. Stoßt die Läden auf, was zögert ihr noch? Reißt die Verdunklung weg und öffnet die Fenster. Beugt euch weit hinaus aus euch selbst.

Sie beugten sich über das Fensterbrett. Ihre Augen waren geblendet, so daß sie vorerst nichts erkennen konnten. Ketten klirrten, Kinder lachten verlegen und ein Bischofsstab schlug gegen das feuchte Pflaster. Der Himmel war bedeckt. Der Mann im Mond war verschwunden. Der Mann im Mond war zur Erde gestiegen. Schaut nicht zuviel in den Spiegel. Wißt ihr, daß ihr verkleidet seid? Weiße Mäntel, schwarze Hörner und ein Lied dazwischen.

Es wird bald schneien, denn morgen ist Nikolaus,
Wir freuen uns sehr, denn es wird bald schneien
Und morgen ist Nikolaus,
Stellt die Stiefel ins Fenster, der Teufel wird sie holen,
Denn morgen ist Nikolaus,
Er bringt euch Flügel dafür,
Flügel, schöne Flügel,

Flügel, schöne Flügel,
Flügel für den Sturm,
Flügel zu verkaufen!

Wie heißt der letzte Vers? Flügel zu verkaufen!
Die Polizisten lachten aus vollem Hals. Zugwind fuhr zürnend in ihren Nacken und riß sie um sich. Dunkel lag die Wachstube, Verlassenheit tanzte um die schaukelnde Barriere. Die Tür stand offen. Ellen war verschwunden.

„Flügeltraum“ heißt das Kapitel. Hätte die Geschichte so gewesen sein können? Sie konnte so nur geschrieben werden.

„Wundert Euch nicht“ heißt das vorletzte, das zweiteilige neunte Kapitel, in dem man sich, wie schon im ersten und im dritten, erst allmählich im Vor- und Zurücklesen zurechtfindet. In dessen erstem Teil flüchtet Ellen, offenbar inzwischen dienstverpflichtet als Putzfrau oder Straßenkehrerin in einer Fabrik, bei Fliegeralarm mit zwei überfüllten Mülleimern (aus deren einem der angebissene Apfel rollt) in den falschen Keller: nicht in den Bunker für die Arbeiter unterm Lagerhaus, sondern in den Stollen unter dem anderen Ende des Fabrikhofes, wo die Menschen ihre letzten Habseligkeiten untergebracht haben und wo sie zusammen mit zwei Plünderern, einem Jungen und einem Alten, verschüttet wird. Solange Ellen im Dunkeln deren Umrisse noch nicht erkennen kann, sind deren Stimmen als zwei Stimmen der Finsternis inszeniert: „eine tiefe und eine noch tiefere, und beide waren mißtrauisch.“ Die Inszenierung hat inmitten all dieser Angst etwas erleichternd Komisches: „‚Ich werde Licht machen‘, sagte die Finsternis, aber sie fand keine Streichhölzer. Nichts gegen sich selbst.“ Wem die Stimmen wirklich gehören, erfährt der Leser erst drei Zeilen später aus dem Satz: „Die Männer entsicherten die Waffen.“ Hier hat man ein weiteres Beispiel für die Verzahnung der verschiedenen Stilebenen.

Während draußen die Bomben niedersausen und einschlagen und die Abwehrgeschütze „wie angeschossene Wölfe brüllen“, wiederholt sich im Kopf des im Stollen kauernden Kindes Ellen eine Szene aus dem ersten Kapitel des Buches. „Wie hieß es? Unterscheiden muß man zwischen dem, das steigt und dem, das fällt. Aber sie hatten es nicht unterschieden." Man erinnert sich: Als Ellen im ersten Kapitel vor Entsetzen über die Abwesenheit der Mutter aus dem Bett stürzte, hieß es, es wurde ihr „im Fallen deutlich, daß Oben und Unten aufgehört hatten. Wußten sie es noch immer nicht? Diese armen großen Leute, die das Fallen nach unten springen und das Fallen nach oben fliegen nannten. Wann würden sie es begreifen?" Ganz in diesem Stil verlaufen nun auch ihre kurzen Dialoge mit den Marodeuren, die sie lauernd fragen, ob sie zu den Fliegern da oben halte. „Ellen gab keine Antwort. Was heißt das: zu jemandem halten?" Der aufrührerischen Phantasie, die diese Stilebene speist und sie „aufs äußerste beteiligt wie aufs äußerste unbeteiligt" handhabt, verdanken wir so unvergleichliche Passagen wie diese:

Und wo das Lagerhaus gestanden war, das Lagerhaus, unter dem alle andern Schutz gesucht hatten, gähnte ein riesiger Trichter verwundert hinauf.

Bunte, seidige Fetzen flatterten auf, Fetzen von leichten Kleidern, wie die Mädchen sie tragen, wenn die Sonne hervorbricht, Wasser sprang aus der Erde und färbte sich dunkelrot. Über dem zerschmetterten Rohr lag, von allem Verlangen losgerissen, eine offene Hand. Steine rollten hingerissen in den Abgrund, zwei Eimer stürzten polternd über den Rand des Trichters. Und ihr Poltern klang wie Posaunen.

Der Titelsatz dieses Kapitels, „Wundert euch nicht", ist in seinem zweiten Teil inmitten eines vollendeten Chaos wiederzufinden. Den von der feindlichen Macht schließlich Geretteten (feindlich war sie beiden, Ellen wie den Plünderern, denn Plündern wurde der dem Chaos entsprechend verschärften Rechtsordnung gemäß mit standrechtlicher Erschießung geahndet, und so sehen wir denn auch den Alten, den kurz vor der Rettung noch eine widersinnige Raffgier heimgesucht und gezwungen hatte, sich mit gestohlenen Sachen förmlich auszustopfen, in einem kleinen Nebensatz gleich des zweiten Satzes im zweiten Kapitelteil „mit einem Genickschuß in dem großen Trichter“ liegen) – den Geretteten, Ellen und dem Jungen, verfolgt von den Schüssen der Retter und vom irrsinnigen letzten Lachen des Alten über Ellens letzte unterirdische Predigtversuche, gelingt die Flucht in die bombardierte Stadt, wo Menschenmassen sich um letzte Vorräte raufen, überfüllte Flüchtlingswagen die Straßen versperren, Häuser brennen und zusammenstürzen, die noch Behausten feindlich ihre Türen verriegeln. „Wißt ihr es schon? Die Welt hat einen Blutsturz“, heißt es da. „Ein Quell ist aufgebrochen, lauft und trinkt! Faßt das Blut in Eimern ab, denn Gott hat ein Wunder getan, Gott hat es in Wein verwandelt.“ Das ist nun aber alles andere als ein Wunder, wie die Fortsetzung des Berichts zeigt:

Im Angesicht der Belagerung waren die Keller der Stadt geöffnet worden. Drei Männer rollten ein Faß über den Horizont. Das Faß entglitt ihnen. Der Junge hielt es auf. Keuchend kamen die drei Männer hinterher.
„Woher habt ihr es?“ fragte Ellen. Aber da waren sie mit dem Faß schon wieder dahin, sie bekam keine Antwort.

Und eine Seite später dann, in der Szene auf dem Dach des halbzerstörten Zollhauses, wo die fast verdursteten Kinder nach Trinkbarem fahnden, die Passage, in der der Kapitel-Titel auftaucht:

Brausen erfüllte den Raum zwischen Himmel und Erde. Alle mußten es hören. Das rote Meer wich zurück. Die Kugeln der Tiefflieger durchschlugen das Dach. Flüchtende stürzten mit den Gesichtern nach vorne. Ein Faß kippte.
Wundert euch nicht!
Der Junge duckte sich und riß Ellen nieder. Wein und Blut strömte verhüllend über die Gesichter. Blaue Lippen tauchten auf, versanken und kamen wieder. Und das stille Staunen der Toten durchflutete das Zollhaus.
Rührt euch nicht, bewahrt das Geheimnis, hört ihr: Bewahrt das Geheimnis! Laßt die Räuber durchmarschieren durch die goldene Brücke.
Bretter fehlten, fremdes Licht brach ein.
Und jetzt: Himmel oder Hölle? Weinst du oder lachst du? Aber das

Lachen war nicht mehr zu beruhigen, dieses irre Lachen der Überlebenden.

Die Zeit der Wunder und des Wunderns scheint, mit diesem irren Lachen der Überlebenden, endgültig vorüber, die heilige Wandlung des Weins in das Blut Christi, einst Glaubenszentrum der katholischen Kirche, scheint rückgängig gemacht, sozusagen enttrennt und ins Chaos zurückgefallen.

Doch weder das Kind Ellen noch seine Autorin gibt auf:

In euren Vorratskammern schimmelt das Brot, in euren Schlafzimmern läutet das Telefon. Warum liegt ihr so still? Helft euern Freunden, helft den Überlebenden! Denn sie tragen jetzt gerade ihre Betten in die Keller, sie richten sich schon wieder ein, als ob sie blieben. Und sie beruhigen sich. Die Belagerung beginnt, aber sie wollen es nicht wahrhaben. Belagert, seit sie geboren sind, und kennen das Ausmaß nicht. Laßt eure Betten, ihr Eingeschlossenen, laßt eure Vorratskammern! Gläser zerschellen, Milch fließt in die Gosse, helle Früchte tanzen über die Fliehenden.
Gebt uns nichts zu essen, uns ekelt. Gebt uns keine Antwort. Was uns stillen könnte, zerreißt, und was uns nicht zerreißt, läßt uns gierig.

Hier ist der Tenor des „Aufrufs zum Mißtrauen" wiederzufinden, den Ilse Aichinger im Jahre 1946 veröffentlicht hat, als das Manuskript des Romans „Die größere Hoffnung" in seiner ersten Fassung bereits existierte. Jene Inversion, von der im Zusammenhang dieses Aufrufs schon einmal die Rede war, die Rückkoppelung also des Textes an die eigenen Irritationen der schreibenden Person („Was uns stillen könnte, zerreißt, und was uns nicht zerreißt, läßt uns gierig"), mit anderen Worten das Eingeständnis, daß der Mensch dem Menschen ein Wolf sei, mit dem einzig ein sinnvoller Neubeginn nach solcher fundamentalen Verwüstung denkbar wäre – dieser fordernde Gestus des Buches „Die größere Hoffnung" dürfte, in allen potentiellen Leserschichten, dazu beigetragen haben, da lieber nicht so genau hinzusehen. Als hätte nicht gerade darin die Chance zur Befreiung von einer jahrhundertealten Lüge gelegen und zu einer Revision der tödlich ausgehöhlten Sprache, die immer lauter tönte und immer verlogener und am

Ende geradezu aufgeschluckt wurde vom Lärm und Getöse des Chaos, so als seien die sieben Schöpfungstage nun rückwärts abgelaufen.

Ilse Aichinger ist wohl die erste gewesen, die in einem großen Roman Seite für Seite diese Revision versucht hat, in der kein Wort, kein Sprichwort, kein Glaubenssatz und kein Märchen mehr seine herkömmliche Geltung behalten sollte; den Weg zurück in die „Lautlosigkeit der Wörter", mit dem Fluchtpunkt einer größeren Hoffnung, die allerdings nun nicht mehr die große Hoffnung des ersten Romankapitels sein kann. „Sie sollen ein Serum bekommen, damit Sie das nächste Mal umso widerstandsfähiger sind!", hieß es in ihrem „Aufruf zum Mißtrauen" 1946. Die größere Hoffnung, vorgestellt als eine geimpfte, eine immunisierte Hoffnung.

„Die größere Hoffnung, unsere Hoffnung" heißt sie im zehnten Kapitel, das, wie anfangs gesagt, nun auch „Die größere Hoffnung" überschrieben ist, im zehnten Kapitel, diesem letzten Inferno des Buches, durch das das Kind „schnell und federnd, mit leichten, gleichmäßigen Schritten" rennt „und ohne sich noch einmal umzusehen". „Sie wollte nach Hause, sie wollte zu den Brücken", heißt es, und an anderer Stelle: „Sie vermutete dort die Küste des Atlantik und die Küste des Pazifik, die Ufer des Heiligen Landes. Sie wollte zu ihren Freunden. Sie wollte nach Hause."

Sie rennt, aus dem Keller geflohen, durch die umkämpfte Stadt. Trümmer wuchsen wie Hürden und versuchten, sie aufzuhalten, ausgebrannte Ruinen, die – wie blinde Soldaten – mit leeren Fensterhöhlen in die scheue Sonne starrten, Panzerwagen und fremde Befehle.
„Was kann denn geschehen?" dachte Ellen. Sie rannte zwischen Kanonen, Ruinen und Leichen, zwischen Lärm, Unordnung und Gottverlassenheit, und schrie leise vor Glück.

Als „größere Hoffnung, unsere Hoffnung" wird die Hoffnung des Kindes wenige Zeilen vor dem Ende des Kapitels und des Buches beschworen, in Ellens letztem imaginären Dialog mit einem Menschen: mit dem längst entschwundenen Freund aus der Horde der ausgestoßenen Kinder, jenem Georg, der kein Drachentöter sein, sondern Drachen steigen lassen wollte, wenn alles vorüber sein würde, dessen Geburtstagstorte Ellen mit ihrem freiwillig angehefteten Judenstern im fünften Kapitel nicht mehr kaufen konnte und der die doppelt Heimatlose wenigstens zeitweise in die Gruppe eingelassen hatte, trotz ihrer zu wenigen „falschen" Großeltern und gegen den Protest der anderen Kinder.

Noch einmal hörte Ellen das grelle, erschrockene Schreien der fremden Soldaten, sie sah Georgs Gesicht über sich, heller und durchsichtiger, als es jemals gewesen war.
„Georg, die Brücke steht nicht mehr!"
„Wir bauen sie neu!"
„Wie soll sie heißen?"
„Die größere Hoffnung, unsere Hoffnung!"
„Georg, Georg, ich sehe den Stern!"

Direkt davor die schon einmal zitierten Sätze: „Hier war die Unordnung nicht mehr zu lösen. Aber dahinter wurde es blau."

Alles spricht dafür, daß Ellen, nachdem sie noch einen letzten Sterbenden hatte zurücklassen müssen, einen Besatzungsoffizier, dessen geheime Order sie unbedingt noch zur Flußinsel hinter den umkämpften Brücken hatte bringen wollen, heimlich noch immer dort das ersehnte Zuhause erhoffend – alles spricht dafür, daß das erschöpfte Kind seinen letzten Dialog mit dem nur noch imaginären Freund über jenen Stern führt, der im ruhigen Schlußsatz des Buches beschworen ist und den Ellen im Rennen erspäht haben mag: als letzten, ganz und gar verläßlichen Bestandteil der ganz und gar unbeteiligten Natur. „Über den umkämpften Brücken stand der Morgenstern." Am Anfang des letzten von Ellens Fluchterlebnissen hatte es noch geheißen: „Wie ein hohes Schrapnell stieg der Abendstern und blieb gegen jede Erwartung am Himmel stehen." Von solchen Erwägungen kann nun nicht mehr die Rede sein nach dem Tod dieses so vernünftigen wie hoffnungssüchtigen, so freundlichen wie empörungsfähigen Kindes, das im Springen über eine hochgerissene Schiene, also ganz seiner Meinung entsprechend, daß Springen aufwärts heißt und nicht abwärts, wie die Leute sagen, also losgelöst von der Erde, von einer Granate zerrissen wurde, also sternförmig gestorben ist, könnte man sagen.

Alles spricht dafür, daß dieses Kind Ellen, das ja sehr wohl wußte, es sprach da zuletzt im Geiste mit einem mutmaßlich längst und auf die schrecklichste Weise ermordeten Freund, zu dem es nach Hause wollte, „die größere Hoffnung, unsere Hoffnung" eine solche nannte, die von jenseits des Todes gedacht war, ohne alle Erwartung und Gier. Hoffnung auf eine neue, wieder menschenleere Welt, in der alles noch einmal von vorn zu beginnen wäre, lautlos, wie der Morgenstern über den umkämpften Brücken steht, und lautlos, wie die Wörter nun wieder werden müssen.

Es mußte hier eine Geschichte aufgeschrieben werden, die als Geschichte im herkömmlichen Sinne unaufschreibbar gewesen wäre, denn das zu Berichtende war beispiellos. Dennoch hatte sie mit Menschen zu tun, wie Geschichten seit Menschengedenken mit Menschen zu tun hatten; mit Menschen aber nun, die diesem beispiellosen Vernichtungswillen nach zwar sprachlos unterzugehen gehabt hätten, dagegen aber ihre von Todesangst bedrängten Stimmen erhoben.

Sie alle kommen zu Tode. Das Buch geht buchstäblich menschenleer aus und mündet gelassen im Bild des keine Menschenseele mehr rührenden Morgensterns über dem Getümmel auf den umkämpften Brücken.

Hierin, und nicht etwa in der Unausweichlichkeit des endlichen Todes der mit den allerbesten Gaben des Lebens und der Sprache ausgestatteten Halbjüdin Ellen ist die Kraft des Endes ausgewiesen, die Ilse Aichinger, wie die Kraft des Anfangs, demjenigen abverlangt, der mit der Sprache in den Dialog eintritt.

Darin aufgehoben ist auch der teils höhnische, teils humoristische Satz aus dem Kapitel „Flügeltraum": „Zu Befehl, es regnet, Nebel fällt, die Nacht kommt." In diesem absurden

Satz sind alle absurden Befehle gegeißelt, denen die Geächteten bis in den Tod ausgesetzt waren.

Der diktierten Sprachlosigkeit der Ausgestoßenen gilt nicht der Kampf, sondern das Eingedenken dieses Romans, dem ich im Laufe dieser Arbeit von Zeit zu Zeit gern den Untertitel „Ein deutsches Requiem" gegeben hätte. Damit er geschrieben werden konnte, mußte den Stimmen der zu Tode Geängstigten immer wieder Verstärkung durch die Stimme der Autorin gegeben werden. Und eben daraus resultiert jenes Maß an Häßlichkeit, das Gertrude Stein dem Meisterwerk nachgesagt hat: der unbekannte Ton in den Ohren der Kritiker. Stimmen verstärken, das war neu in der Literatur, wenn auch längst schon nicht mehr in der Musik und der Malerei. Inzwischen gibt es eine ganze literarische Schule, in der ausschließlich mit Stimmen gearbeitet wird; ihre Exponentin heißt Nathalie Sarraute.

Ilse Aichinger hat gezeigt, wie es dazu kam und wie es unumgänglich wurde, so zu arbeiten.

Auf der Suche nach dem Urtext
Schreiben als fortschreitende Reduktion

Die Erzählungen, Dialoge und Hörspiele

Ich schränke ein und
schaue zu, damit bin
ich genügend beschäftigt
(Ilse Aichinger, Schlechte Wörter)

Lies nicht mehr – schau!
Schau nicht mehr – geh!
(Paul Celan, Engführung)

Über Ilse Aichingers Erzählungen, Dialoge, Hörspiele und Gedichte ist von Anfang an und im Laufe der Jahrzehnte ihres Erscheinens sehr viel mehr und meist verständiger geschrieben worden als über ihren Roman „Die größere Hoffnung", auch von einer neuen Kritiker-Generation mit einem veränderten Bewußtsein und entsprechend neu entwickelten Kriterien. Schon deshalb darf der zweite Teil dieses Versuchs kürzer sein als der erste, und skizzenhafter.

Doch ist es kein hauptberuflicher Kritiker, sondern selbst ein Schriftsteller, Kollege und Freund der Ilse Aichinger – und übrigens ein mit einer vergleichbaren Biographie ausgestatteter –, der den Lesern ihrer Texte im allgemeinen und uns für den hier folgenden Abschnitt im besonderen so etwas wie einen Schlüssel in die Hand gegeben hat. Drei Sätze aus Wolfgang Hildesheimers Frankfurter poetischen Vorlesungen 1967, nämlich aus der zweiten über das absurde Ich, worin er über Texte von Günter Eich, Ilse Aichinger, Peter Weiss und Reinhard Lettau spricht (abgedruckt in seinem Band „Interpretationen", edition suhrkamp 297, 1969), bauen uns auf geradezu frappante Weise die Brücke vom Ende des vorigen zum Anfang dieses Kapitels. Hildesheimer sagt dort zu Ilse Aichingers Erzählungen:

Sie handeln nicht von Fragen an die Welt, denn das Schweigen der Welt ist Voraussetzung des Geschehens. Am Ende jeder Erzählung steht dieses Ich da, um einiges ärmer, einer Hoffnung beraubt, in der Erkenntnis eines neuen Verlustes, einsamer als zuvor. Es hat eine Verlockung als falsch durchschaut oder ist einer Zumutung unnahbar geworden.

In der vorausgegangenen Vorlesung über die Wirklichkeit des Absurden, in der er sich mit einer Polemik Günter Eichs gegen die Möglichkeit, heute noch Romane zu schreiben, auseinandersetzt, gibt Hildesheimer den geschichtlichen Hintergrund einer solchen Diagnose:

Ich möchte Adornos Wort, daß nach Auschwitz ein Gedicht zu schreiben barbarisch sei, in sein Gegenteil verkehren, nämlich, daß nach Auschwitz *nur* noch das Gedicht möglich sei, dazu allerdings auch die dem Gedicht verwandte „absurde Prosa". Ich möchte weiterhin behaupten, daß nach Auschwitz der Roman nicht mehr möglich sei. Auschwitz und ähnliche Stätten haben das menschliche Bewußtsein erweitert, sie haben ihm eine Dimension hinzugefügt, die vorher kaum als Möglichkeit bestand. Diese Dimension zu berücksichtigen, steht nicht in der Macht des Romans – übrigens auch nicht des Theaterstückes, auch nicht des dokumentarischen Theaterstükkes. Aber die Wirklichkeit ist andererseits ohne diese Dimension nicht mehr denkbar und – wenn sie überhaupt jemals darstellbar war – nicht mehr darstellbar. Das Gedicht aber und jene Romane, die Eich zu den Gedichten zählt, also Beckett, stellen Wirklichkeit her, schaffen sie also nicht aus jenem präfabrizierten Material, in dem Auschwitz vielleicht nicht enthalten ist, sondern aus Elementen des Bewußtseins, in dem die Dimension Auschwitz enthalten ist, oder vielmehr, enthalten sein sollte: ich spreche nicht von allen Gedichten. Und wenn sie im Bewußtsein nicht enthalten ist, so ist sie ins Unterbewußtsein gesunken, sie gehört zum inneren Mikrokosmos des Dichters. Er kann – oder sollte – sich auf diese Dimension verlassen. Sie ist in Celans „Todesfuge" und Ingeborg Bachmanns Gedicht „Früher Mittag" ebenso enthalten wie in Enzensbergers „Schläferung" und

Günter Eichs Einzeilen-Gedichten, jenen Beispielen verwirklichter dichterischer Freiheit, die er „Formeln“ nennt. Nicht nur Grauen also, sondern auch Flucht und blitzartige Ausblicke auf die furchterregende Instabilität der Welt, das Absurde.

Das „Schweigen der Welt“, das Hildesheimer zur Voraussetzung des Geschehens in Ilse Aichingers Erzählungen erklärt, war, so könnte man sagen, eingetreten mit dem letzten Satz des Romans „Die größere Hoffnung“ („Über den umkämpften Brücken stand der Morgenstern.“) und konnte nicht wieder aufgehoben werden. Die Antwort darauf kann, wie Hildesheimer sagt, nur noch das Gedicht sein, „dazu allerdings auch die dem Gedicht verwandte ‚absurde Prosa‘“, gemäß der ebenfalls in dieser Vorlesung zitierten Definition von Camus: „Das Absurde entsteht aus der Gegenüberstellung des Menschen, der fragt, und der Welt, die vernunftwidrig schweigt.“

Hier mag einer der Gründe liegen, aus denen Ilse Aichinger nur einmal einen Roman schreiben konnte, danach dann ausschließlich Erzählungen, Dialoge, Hörspiele, Gedichte. Wahrscheinlich ist es der wichtigste Grund, und vor allem war er kostspielig. Er kostete eine immer weiter gehende Reduktion, bis hin zu dem Satz in dem 1976 veröffentlichten Prosastück „Schlechte Wörter“: „Ich schränke ein und schaue zu, damit bin ich genügend beschäftigt.“ Sechs Zeilen weiter der Satz: „Ich lasse mir nicht mehr Angst machen, ich habe genug davon.“ Dieser Satz ist einer jener „blitzartigen Ausblicke auf die furchterregende Instabilität der Welt, das Absurde“, von denen Hildesheimer sprach. Und nicht ohne jene plötzlich, fast hinterrücks einfallende Tragikomik, die in verschiedenen Spielarten jedem absurden Text eignet: entsprechend dem durch die Dimension Auschwitz erweiterten Bewußtsein oder Unterbewußtsein des Dichters, das, wie Hildesheimer sagt, „an allen Schrecken und Grauen, an aller Tragik und Komik des Lebens geschult“ ist. Die Spielart der Ilse Aichinger, das heißt die, die sie den verschiedenen Figuren in ihren Geschichten ausgeliehen hat, zu denen auch ein häufig auftretendes Ich gehört, hat immer eine Art Familienähnlichkeit behalten mit der ihrer allerersten Figur, der kämpfenden, lachenden, verzweifelten, beißenden und kratzenden und überaus vernünftig argumentierenden Halbjüdin Ellen in der „Größeren Hoffnung". Doch seit dem Tod der Figur am Ende des Buches, das heißt, seit ihre Erfinderin beim Schreiben dieser Geschichte herausgefunden hat, daß keine ihrer Figuren, sondern einzig ein Sprachgitter aus einfachsten Benennungen (Apfel, Blau, Mond, Stern etc.) am Leben zu erhalten war, mag für sie Ähnliches in Geltung gekommen sein, wie es Günter Eich, mit dem sie seit 1953 verheiratet war, bei einer Schriftstellertagung in Vézelay Ende der fünfziger Jahre einmal für sich beschrieben hat, in der erwähnten Polemik, auf die Hildesheimer in seiner Frankfurter Vorlesung reagierte:

> Ich bin Schriftsteller, das ist nicht nur ein Beruf, sondern die Entscheidung, die Welt als Sprache zu sehen. Als die eigentliche Sprache erscheint mir die, in der das Wort und das Ding zusammenfallen. Aus dieser Sprache, die sich rings um uns befindet, zugleich aber nicht vorhanden ist, gilt es zu übersetzen, ohne den Urtext zu haben. Die gelungenste Übersetzung kommt ihm am nächsten und erreicht den höchsten Grad an Wirklichkeit.
>
> Ich muß gestehen, daß ich in diesem Übersetzen noch nicht weit fortgeschritten bin. Ich bin über das Dingwort noch nicht hinaus. Ich befinde mich in der Lage eines Kindes, das Baum, Mond, Berg sagt und sich so orientiert.

Man könnte Ilse Aichingers Erzählungen als immer neue Inszenierungen dieser Anschauung beschreiben. Und wie sie arbeitet auch Günter Eich in dem zitierten Text mit Abkürzungen, mit Aussparungen. Denn weder hat Günter Eich noch hat Ilse Aichinger Literatur veröffentlicht, die sich etwa im Zustand frühkindlicher Sprachaneignung befände; die Kindlichkeit ist sozusagen eine erworbene. Ausgespart, um nicht zu sagen verbannt ist aus Ilse Aichingers Erzählungen wie aus Günter Eichs Selbstbeschreibung die Dimension des Bewußtseins, dem solche Reduktion sich als notwendig erweist: angesichts der Welt, die, wie Camus formuliert hat, „vernunftwidrig schweigt". Was natürlich auch seinerseits schon eine Abkürzung ist: nicht nur eine Formel des Absurden, sondern auch eine absurde Formulierung. Sie rematerialisiert sozusagen den defizienten Modus des Schweigens durch die schlichte Ausdehnung (das heißt: Setzung) der so und nicht anders aufgeschriebenen (ausgesprochenen) Behauptung. Und sie deckt damit zugleich die Weltsicht und Arbeitsweise ihres Erfinders auf und den stillschweigend mitgedachten Sachverhalt zu, daß jeder Versuch zu erklären, wie es zum vernunftwidrigen Schweigen der Welt gekommen sei, zur Banalität verdammt wäre dadurch, daß man sich dazu historischer und logischer Denkmuster zu bedienen hätte, in deren Namen alle bekannten Verbrechen unseres Jahrhunderts begangen werden konnten. Man befände sich da in der Lage des Hasen im Märchen, der im Wettlauf mit dem Igel dessen Spiel nicht durchschaute und so der Lächerlichkeit blinden Eifers anheimfiel; nur daß der um die Mitte dieses Jahrhunderts wohl nicht mehr wie in der sogenannten guten alten Zeit in der frischen Ackerfurche, sondern eher über Leichen- und Trümmerfelder zu rennen gehabt hätte. Einem solchen Denkweg wird also von vornherein das Wort abgeschnitten: in dem Bewußtsein, daß eine wie auch immer geartete Sinnfrage nicht mehr stellbar sei, geschweige denn zu beantworten. Erlaubt ist alles außer der Frage *Wozu?*

Dagegengesetzt sind Günter Eichs Baum, Mond, Berg wie Ilse Aichingers im vorigen Kapitel beschriebenes Sprachgitter in der „Größeren Hoffnung“ und ihre Forderung an die Wörter, wieder lautlos zu werden, also soweit wie möglich dorthin zurückzukehren, wo „das Wort und das Ding zusammenfallen“, wie Günter Eich formuliert hat, also zurück hinter jede semantische Übereinkunft. So daß eine Geschichte wie Ilse Aichingers berühmte von der Maus auf einer Reihe von geist- und phantasiesprühenden Umwegen, an deren Rändern die zur Scheinlogik abgehalfterte Logik die wunderbarsten kindlichen Blüten treibt (Hildesheimer nennt das die „Ersatzantworten“), am Ende beinahe tautologisch bei der kürzesten möglichen Definition der Überlebenschance einer Maus auskommt: bei der List ihrer Unauffindbarkeit.

In der „Spiegelgeschichte", für die Ilse Aichinger im Jahre 1952 so einhellig der Preis der Gruppe 47 zugesprochen wurde und mit der sie sich, wie Peter Härtling meinte, selbst ins Wort gefallen sei, so daß nun ihr Roman „Die größere Hoffnung" in deren Schatten geriet, scheint die Autorin den Weg zu dieser Art aussparender, das heißt absurder Prosa zuallererst entwickelt zu haben: indem sie zunächst einmal nahezu mechanisch das alte Denkmuster Ursache – Folge auf den Kopf stellte. Aber nur nahezu, nicht ganz mechanisch.

Erzählt wird nämlich die Geschichte einer jungen Frau, die an einer offenbar finsteren Abtreibung gestorben ist; und zwar nicht wie üblich von ihrem Anfang an, sondern vom Ende her, von ihrem Tod her, was heißt, von jenseits des Todes her. Das ist die im Roman „Die größere Hoffnung" erarbeitete Position der größeren Hoffnung. Eine rückwärts erzählte Geschichte also, aber nun nicht nach dem Muster des Kriminalromans, an dessen Anfang das Ende, ein Tod, ein Mord steht, und in dem dann die Geschichte, sozusagen nach einem Kopfsprung in den Fluß der Erzählung, von vorn aufgerollt wird; es wird vielmehr Schritt für Schritt rückwärts erzählt, wie rückgängig gemacht. Rückwärts erzählt wird eine Geschichte, die auf den ersten Blick aussieht wie die mustergültige, die geduldige Anamnese eines Falles, geschrieben in der zweiten Person Singular („Wenn einer dein Bett aus dem Saal schiebt, wenn du siehst, daß der Himmel grün wird, und wenn du dem Vikar die Leichenpredigt ersparen willst, so ist es Zeit für dich, aufzustehen ..."), was mir übrigens weniger nach einem mit sich selbst redenden Ich klingt, wie in der Kritik meist angenommen, als nach dem Epitaph auf eine auf so trostlose Weise gestorbene Freundin und der Revision ihrer Geschichte vermöge einer radikalen Genaunahme der Wörter, aus der die Geschichte stufenweise inszeniert wird.

Der Leser merkt nämlich bald, daß der Rückwärtsgang der Geschichte keineswegs ein ungestörter, ein mustergültiger, ein geduldiger ist oder gar ein Gang zurück ins Paradies der Kindheit. Daß da kein Paradies war, wird, ebenfalls stufenweise, immer klarer. Vielmehr gibt es da in zuverlässig nicht zu langen Abständen immer wieder das Memento der tatsächlichen Situation des Todes: „‚Die Fieberträume lassen nach‘, sagt eine Stimme hinter dir, ‚der Todeskampf beginnt!‘“ Doch folgt ihm auf dem Fuße die poetische Revision: „Ach die! Was wissen die?“

Auch gibt es – denn man darf sich ja das Rückwärtserzählen einer Geschichte nicht zu einfach vorstellen, da jegliches Erzählen einem Ziel, einer Pointe, einem glücklichen oder auch unglücklichen Ausgang zustrebt – allerlei sonstige Aufenthalte bei den Stationen dieses bereits gestorbenen Lebens, in denen auf der Stelle getreten, auf der Situation insistiert, das heißt, für kurze Zeit gegen den Rückwärtsstrom vorwärts erzählt wird. So entsteht etwas wie die Kunst der Fuge (die gleichfalls zu ihrer Zeit im Bewußtsein der Verheerung aller menschlichen Verhältnisse erfunden wurde): die Kunst der eigensinnigen, immer neuen Auflösung immer neu entstehender (Sinn-)Sequenzen in ihre einzelnen Bestandteile, Töne, Wörter, ihrer ständigen Verwandlung und immer neuen Zusammensetzung.

So ist die Bedingung der Möglichkeit der „Spiegelgeschichte“ die permanente Revision des üblichen Gebrauchs der Sprache. Ihren Drehpunkt bildet ein besonders nachhaltiges Raisonnement gegen die Übereinkunft, ein Spiegel müsse, je blanker er geputzt sei, desto klarer ein Bild zurückwerfen. (Wie überhaupt alle Überlegungen der Figuren in Ilse Aichingers Erzählungen – ob des Gefesselten, der Maus, der Puppe oder des Mannes, der den Motor seines Bootes nicht mehr abstellen konnte – hartnäckig an den Gegenständen haften.) Anstelle der alten Spiegelübereinkunft hier nun die folgende Situation im schmutzigen Zimmer der betrunkenen Engelmacherin im heruntergekommenen Hafenviertel, in das die bereits Gestorbene im Rückwärtsgang ihres Leidensweges wiederkehrt:

Die ist ganz nüchtern von dem vielen Schnaps, die Alte. Die träumt nicht von den Ungeborenen. Die unschuldigen Kinder wagen’s nicht, sie bei den Heiligen zu verklagen, und die schuldigen wagen’s auch nicht. Aber du – du wagst es! „Mach mir mein Kind wieder lebendig!"

Das hat noch keine von der Alten verlangt. Aber du verlangst es. Der Spiegel gibt dir Kraft. Der blinde Spiegel mit den Fliegenflecken läßt dich verlangen, was noch keine verlangt hat.

„Mach es lebendig, sonst stoß ich deine gelben Blumen um, sonst kratz ich dir die Augen aus, sonst reiß ich deine Fenster auf schrei über die Gasse, damit sie hören müssen, was sie wissen, ich schrei – –"

Und da erschrickt die Alte. Und in dem großen Schrecken, in dem blinden Spiegel erfüllt sie deine Bitte. Sie weiß nicht, was sie tut, doch in dem blinden Spiegel gelingt es ihr.

Die vorhin behauptete Familienähnlichkeit aller Figuren in Ilse Aichingers Geschichten mit der Halbjüdin Ellen in der „Größeren Hoffnung" ist hier mit Händen zu greifen. Und es erscheint wie der Ertrag *ihrer* List und Empörungsfähigkeit, daß diese Geschichte hier überhaupt weitergehen kann: vermöge der klammheimlichen Unterschiebung, der große Schrecken und der blinde Spiegel seien fraglos synonym zu verwendende Wörter. Hier tritt, im Bild des blinden Spiegels, Camus' vernunftwidrig schweigende Welt, diese Behauptung, die alle bisher geltenden Verhältnisse auf den Kopf stellt, leibhaftig in die Erscheinung. Der große Schrecken, der blinde Spiegel aber, ausgerechnet die vermögen nichts Geringeres als die Rückgängigmachung einer doch prinzipiell irreversiblen Tat, wie sie eine Abtreibung nun einmal ist. Nur gehören eben auch Wörter wie „prinzipiell" und „irreversibel" jenem Denksystem an, dessen Bankrott sich erwiesen hat und dessen schnöder Renaissance die Kunst sich seither mit aller ihr innewohnenden Kraft widersetzt.

Die „Spiegelgeschichte" geht, nach dem beschriebenen Sprachereignis einer regelwidrigen Auferstehung, ihren schmerzhaften Rückwärtsgang weiter, doch nirgends erwächst der Erfolg bei der Rückgängigmachung eines trostlosen Todes durch eine Geschichte aus so schmerzhaft naher Nachbarschaft einander widerstreitender Wörter und Sätze wie unmittelbar nach diesem Wunder:

Die Angst wird furchtbar, und die Schmerzen beginnen endlich wieder zu jubeln. Und eh du schreist, weißt du das Wiegenlied: Schlaf, Kindlein, schlaf! Und eh du schreist, stürzt dich der Spiegel die finsteren Treppen wieder hinab und läßt dich gehen, laufen läßt er dich. Lauf nicht zu schnell!

Man kann hier die Gratwanderung der Geschichte erkennen und das Kalkül der Autorin. Dem synonymen Wortgebrauch entsprechend hätte da auch stehen können: „... stürzt dich der große Schrecken die finsteren Treppen wieder hinab und läßt dich gehen, laufen läßt er dich." Das wäre leichter und schneller zu verstehen gewesen, sozusagen handlicher, auch beinahe schon wieder freundlich; doch auch ärmer um die Dimension der Aufkündigung und Revision nach Jahrtausenden zählender literarischer Bild-Traditionen. Wieder kann man hier sehen, wie schon bei Betrachtung des ersten Kapitels der „Größeren Hoffnung", wie tief der Schnitt an die Wurzel alles Verabredeten gehen soll.

Kurz vor Ende der „Spiegelgeschichte" dann, an dem die vollkommene Engführung von Geburt („... du regst dich in der Sonne, du bist da, du lebst") und Tod („‚Es ist zu Ende', sagen die hinter dir, ‚sie ist tot!'") erreicht ist, der Satz: „Das Schwerste bleibt es doch, das Sprechen zu vergessen und das Gehen zu verlernen, hilflos zu stammeln und auf dem Boden zu kriechen, um zuletzt in Windeln gewickelt zu werden."

Nun doch der Weg zurück ins Paradies der Kindheit, in die zweifelhaften Gefilde der Regression? Ja, mit allen Zweifeln. (Denn durchaus darf man ja zum Beispiel assoziieren: in Windeln gewickelt und in einer Krippe liegend, und der Fortgang *dieser* Geschichte ist bekannt.) Mit allen Zweifeln: das ist der Weg der Kunst. „Das Schwerste bleibt es doch, das Sprechen zu vergessen ...": das Sprechen, mit anderen Worten, wie man es, nach der ersten Phase des Nachbildens von Wortklängen, zunächst lernt: als ein Mittel der Verständigung, der Übereinkunft. Dahinter muß, nach allem, was nach Übereinkünften geschehen konnte, zurückgegangen werden: zurück bis dahin, wo die Wörter noch einzeln galten, vor aller Verständigung: zurück etwa zu Hölderlins bis heute undeutbarem Wort „Pallaksch", in das Paul Celan, als dessen später Nachfahr und Zeitgenosse Ilse Aichingers, sein Gedicht „Tübingen, Jänner" einmünden ließ. Damit es dazu kommen kann, zu dieser „Lautlosigkeit der Wörter", die Ilse Aichinger einmal für unabdingbar erklärt hat, wird der Regelkreis des Lebens, nach dem Geburt und Tod am Ende dieser Geschichte sich wieder zusammenzuschließen intendieren, vermöge einer im Laufe des Textes sorgfältig und wie nach einem Stufenplan vorbereiteten poetischen List unterbrochen und außer Kraft gesetzt. Die letzte Zeile der Geschichte nach dem Communiqué der Umstehenden „Sie ist tot!" steht da wie eine letzte Beschwörung, eine pure Setzung, die der ganzen geballten negativen Materie des Geschehens die ganze subversive Positivität einer Gegenbehauptung, Widersetzung, Weigerung entgegenhält: „Still! Laß sie reden!"

Damit ist, wenn man so will, eine neue Allegorie inszeniert: als ein Sinnbild nun nicht mehr der Ambivalenz alles Lebendigen, die zuerst im Namen der Aufklärung und zuletzt im Namen eines inferioren Größen- und Rassenwahns aus der Welt geschafft werden sollte, nämlich nach Maßgabe eines bösartigen Freund-Feind-, Gut-Schlecht-, Wert-Unwert-Schemas, sondern nun vor allem als Sinnbild der Ambivalenz alles von Menschen Erdachten und Aufgezeichneten: kein Wort ohne Widerwort; kein Spruch ohne Widerspruch.

Und damit ist, in der „Spiegelgeschichte", ein Modell installiert, das über das des Romans „Die größere Hoffnung" zugleich hinausgeht und hinter ihm zurückbleibt, indem es lakonischer arbeitet und auch die letzten Reste der Hasenrennerei hinter sich gelassen hat, die in Ellens hinreißenden pädagogischen Lektionen an ihre freundlichen und feindlichen Mitmenschen so wunderbare Blüten getrieben hatte. Die Reduktion ist unverkennbar, und übrigens auch keineswegs nur eine deutschsprachige Zeiterscheinung zu Beginn der fünfziger Jahre. Die „Größere Hoffnung", konzipiert in den ersten Nachkriegsjahren, vielleicht sogar noch früher, war offenbar das Produkt eines weitgehend alleindenkenden Kopfes, einer auf eigene Rechnung und sonst nichts arbeitenden künstlerischen Phantasie. Doch nach dem so gut wie menschenleeren Ausgang dieses Romans mußten sozusagen die Behauptungen neu gesetzt werden, damit überhaupt weiter über Menschen erzählt werden konnte.

Veröffentlicht waren zwischen der „Größeren Hoffnung" und der legendären Lesung der „Spiegelgeschichte" bei der Gruppe 47 im Jahre 1952 die Erzählungen „Der Gefesselte" und „Die geöffnete Order": zwei Geschichten, die das Geschick zweier Menschen in Kafkas Manier an nichts als den gerade augenblicklichen Umständen und in Kleists Manier an nichts als der gerade gegebenen Situation festmachten. Ob Ilse Aichinger während der Arbeit daran, davor oder danach gerade Kleist oder Kafka oder beide gelesen hat, ist dabei keine so wichtige Frage. Beides waren Modelle, die der Autorin nahelagen, die sie brauchen konnte und möglicherweise sogar neu erfunden hat, so daß es mehr oder minder müßig ist, kriminologisch nach Abhängigkeiten zu fahnden. Weder Kafka noch Kleist waren durch die inzwischen vergangene Zeit auch nur annähernd verbraucht oder eingeholt, so daß allemal Grund genug gewesen wäre, sie fortzuschreiben.

Der Weg solcher Prosa in immer größere Verschlossenheit war damit vorgezeichnet und hat seine Entsprechung in der wachsenden Ratlosigkeit auch der verständigen Kritik. Von der unverständigen soll erst gar nicht die Rede sein, die namentlich in den späten fünfziger Jahren im Zuge der allgemeinen und höchst chauvinistisch betriebenen Zurückweisung der neueren experimentellen Poesie die merkwürdigsten Blüten trieb, unter Titeln wie „Prosa für den Psychiater" oder „Die Sackgasse der Abstraktion". Nur des Tones wegen soll daraus ein Satz zitiert werden (Roß und Reiter: Peter Hornung in der Kölnischen Rundschau im Juni 1957): „Dem Rezensenten fällt es schwer, eine so eindeutig negative Besprechung zu schreiben, denn eine Photographie auf der Rückseite des Schutzumschlags [des Bandes „Zu keiner Stunde"] zeigt Ilse

Aichinger als charmante junge Dame, der selbst ein hartgesottener Kritiker gerne etwas Liebenswürdiges sagen würde."

Doch auch in der verständigen Kritik tauchte immer häufiger der leise Vorwurf der Esoterik auf (z.B. Christine Brückner zu „Eliza Eliza"), der Hermetik (z.B. Heinz Ludwig Arnold zu „Schlechte Wörter"), der Unwegsamkeit (z.B. Hilde Spiel zum gleichen Buch), des zu weit getriebenen Desengagements und drohenden Manierismus (z.B. Ingeborg Drewitz, ebenfalls zu „Schlechte Wörter"), der immer schwieriger zu entschlüsselnden Verknappung der Texte der Ilse Aichinger, auf die selbst der Laudator bei der Gandersheimer Literaturpreisverleihung 1975 nicht umhinkam zu verweisen.

Ebenso beharrlich sind solche nie ohne gleichzeitige Bewunderung vorgebrachten Vorwürfe aber auch immer wieder entkräftet worden durch kluge Argumente und Textanalysen von Kritikern und Schriftstellern wie Heinz F. Schafroth, Walter Jens, Peter Härtling, Hans Bender, Peter Horst Neumann, Michael Krüger, Jürgen Becker.

Offenbar um der wachsenden Ratlosigkeit einer nicht geringen Zahl gutwilliger Kritiker vorzubeugen, hat Ilse Aichingers Verlag, S. Fischer in Frankfurt, ihrem Prosaband „Schlechte Wörter" (1976) gleich einen kurzen interpretierenden Essay von Heinz F. Schafroth mitgegeben, eine Lesehilfe sozusagen (und übrigens eine wirklich erhellende) von dem ausgewiesenen Kenner nicht allein des Werkes von Ilse Aichinger, sondern auch der neueren deutschsprachigen experimentellen Poesie im allgemeinen. Darin heißt es:

Aber vielleicht sollten die Schwierigkeiten zunächst in Frage gestellt werden, könnte der Versuch gewagt werden, sie für einen Augenblick wegzudenken. Es bedingt, daß ein Leser seiner Ratlosigkeit vorerst mißtraut und sie als eine Form der Voreingenommenheit verdächtigt. Voreingenommenheit, die beispielsweise die Einsicht verhindert, daß jedem von Ilse Aichingers überraschenden Sätzen im Grund eine unanfechtbare Verständlichkeit eignet, vom ersten des Buchs: „Ich gebrauche jetzt die besseren Wörter nicht mehr", bis zum letzten: „Ich glaube wir kommen voran". Solche Sätze – und es gibt keine anderen – sind ohne Umwege über Symbolik, Mystizismus, Hermetik geschrieben, so sollen sie auch gelesen werden, sie können *beim Wort genommen* werden. Wer den Sätzen zutraut, daß sie ganz unverstellt existentielle Situationen und Erfahrungen – gleichermaßen in privaten und gesellschaftlichen Bezirken – in Sprache umsetzen, *zur Sprache bringen,* der wird, auch wenn er die Texte Ilse Aichingers noch nicht verstanden hat, ein entschiedenes Vertrauen in ihre Verstehbarkeit gewonnen haben.

Er wäre dann auch gerüstet, sie etwa so wie Gedichte zu lesen (die lyrische, strophisch aufgebaute Kurzprosa des zweiten Teils legt es ohnehin nahe), wie die späten Gedichte Hölderlins beispielsweise: also nicht auf eine Fabel hin, nicht auf Zusammenhänge („Niemand kann von mir verlangen, daß ich Zusammenhänge herstelle, solange sie vermeidbar sind") und abgestandene Logik hin; sondern assoziativ (wobei die Assoziationen nicht an den Haaren herbeigezogen sind, sondern präzis, streng, aus sich heraus zwingend) und mit der Sensibilität für das Fragmentarische, Verschlossene (nicht Verschlüsselte!), dafür, daß jemand „das Atmen ausläßt abhält gering macht".

Solche Atemlosigkeit hat in den Texten Ilse Aichingers viele Dimensionen: diejenige des Schreckens und der Angst und diejenige einer äußersten Konzentration ... Gerade diese Atemlosigkeit – eine Version der Todeserfahrung eigentlich – wird oft über Stationen radikaler Zersetzung und Zerstörung angegangen: am Ende von ‚Privas' („Die schönen Stücke im Gewerbemuseum sind zerbrochen, durcheinandergeraten ..."); oder von ‚Bergung' („Die Betten kippen auch und die Lieblinge fliegen durch die Luft, Fetzenthemen, verkehrtes Gelächter, weiß, weiß, da fliegt es, rollt zurück ...") und von ‚Queens', wo die Gegenstände in einen Atomisierungsprozeß geraten, dessen Ende nicht abzusehen ist („... Enden genug, ... Endlein, vierzehn Schnipsel, synthetic Perlen und Teufel ..., wie das vom Tisch fährt, laß die Enden tanzen ...").

Vielleicht erinnert der Leser sich jetzt noch einmal der ganz ähnlich aus Wörtern entwickelten Szene im zweiten Teil des ersten Kapitels der „Größeren Hoffnung", in der das vom Verschwinden der Mutter entsetzte Kind Ellen aus dem Bett fiel. Hier noch einmal ein Teil dieses Textes:

Der halbe Mond fing sie auf, kippte heimtückisch wie alle Kinderwiegen und schleuderte sie wieder von sich. Keine Spur davon, daß die

Wolken Federbetten waren und der Himmel ein blaues Gewölbe. Der Himmel war offen, tödlich offen, und es wurde Ellen im Fallen deutlich, daß Oben und Unten aufgehört hatten. Wußten sie es noch immer nicht? Diese armen großen Leute, die das Fallen nach unten springen und das Fallen nach oben fliegen nannten. Wann würden sie es begreifen.

Schon der Vergleich der kurzen Zitate aus den verschiedenen Prosatexten der Sammlung „Schlechte Wörter“ im Text von Heinz F. Schafroth mit diesem zwanzig Jahre älteren Text aus der „Größeren Hoffnung“ zeigt die Radikalisierung der Sprachbewegung; Schafroth nennt, was sich da entwickelt hat, einen „Atomisierungsprozeß“, den die Sprache Ilse Aichingers „in Gang setzt und an sich selber illustriert“. Und er fährt fort:

Genauigkeit und Nüchternheit der Visionen einer in Auflösung begriffenen oder schon zertrümmerten Welt sind in der Aichingerschen Sprache angelegt. Wer diese als Aussage selbst, statt als Umschreibung derselben begreift, wird den Zugang zur Aussage finden.

Man sieht an den Proben der späten Prosa in Heinz F. Schafroths Interpretation, daß etwa handelnde Personen daraus mehr und mehr verschwunden und nur noch jeweils in ihren Stimmen und Gesten erkennbar sind, in ihrem Sprachgestus also. Das Handeln der meist nicht näher beschriebenen Figuren besteht vor allem anderen in der Suche nach der – mit Günter Eichs Worten – eigentlichen Sprache, in der das Wort und das Ding zusammenfallen; in der Arbeit des Übersetzens, „ohne den Urtext zu haben“.

In dem ersten Prosatext der Sammlung, dem Titeltext „Schlechte Wörter“, arbeitet ein Ich, das sich im ersten Satz lediglich mit dem Programm zu erkennen gibt „Ich gebrauche jetzt die besseren Wörter nicht mehr“, sich ab an einer genaueren Übersetzung der Wendung „Der Regen, der gegen die Fenster stürzt“, deren Urtext verloren ging, bloß um sie am Ende doch unübersetzt auf sich beruhen zu lassen:

„Der Regen, der gegen die Fenster stürzt“, da haben wir ihn wieder, den lassen wir, der läßt alles in seinem unzutreffenden Umkreis, bei ihm bleiben wir, damit „wir“ wir bleibt, damit alles bleibt, was es nicht ist, vom Wetter bis zu den Engeln.

So läßt es sich leben und so läßt es sich sterben und wem das nicht ungenau genug ist, der kann es in dieser Richtung ruhig weiter versuchen. Ihm sind keine Grenzen gesetzt.

Der zweite Text, „Flecken“, hebt an mit einem gänzlich anonymen „Wir“ („Wir haben jetzt Flecken auf unseren Sesseln.“), operiert zwischendurch mit dem Wörtchen „man“, spricht eine ebenfalls unbekannte Person an, vielleicht, wahrscheinlich den Leser („Wußten Sie das nicht?“). Einen ähnlichen Wechsel zwischen „man“ und „wir“ gibt es auch in den Texten „Dover“ und „Zweifel an Balkonen“, in dessen letztem Drittel sich aber dann so etwas wie eine leibhaftige Figur, genannt „er“, aus dem Satz entwickelt: „Kann, wer einmal die Balkone der Heimatländer als Balkone der Heimatländer erkannt hat, diese Erkenntnis abweisen?“

So anonym aber die Figuren bleiben: in ihren Köpfen entstehen ganze Landschaften und Architekturen aus Sprache, und immer läuft es hinaus auf die Auflösung, Zertrümmerung, „Atomisierung“ bisher fraglos in Geltung stehender Wörter, Wendungen, Sätze, Fragen, wie etwa im Text „Rahels Kleider“: „Wissen Sie vielleicht, warum Rahel ihre Kleider nicht mitnahm, als sie fortzog?“

Den Weg zu solcher Atomisierung und zugleich Verdichtung ihrer Prosa weist schon Ilse Aichingers früh und sicher im Zusammenhang ihrer Arbeit an Hörspielen entwickelte Technik, Geschichten in Dialogszenen aufzulösen, zuerst in ihrem 1957 erschienenen Band „Zu keiner Stunde“ mit achtzehn solchen Texten. Sie gab ihr die Möglichkeit, Umschreibungen zu meiden, Abkürzungen zu finden und zwischen den Sätzen der in je verschiedene Bezugssysteme eingespannten, scheinbar ständig aneinander vorbeiredenden, bei genauerer Betrachtung aber fast ständig einander Fallen stellenden Dialogpartner (ein Polizist und ein Mädchen, ein Student und ein Zwerg, ein Zoodirektor und ein Galeriedirektor, ein Spielzeugdragoner und ein Puppenmacher, ein Dichter und eine Wirtin, ein Mädchen und ein Vers, als junger Mann verkleidet) regelrechte Leerstellen zu installieren, in denen sich das „vernunftwidrige Schweigen der Welt" buchstäblich einnistete und an denen sich nicht ohne Grund der böseste Unmut der Verächter unter Ilse Aichingers Rezensenten entzündete – bis hin zu Wendungen wie „Mode spielende Mätzchenmanie", für die „die Psychiatrie zuständig" sei. Die Entwertung in solchen Anwürfen ist bekanntlich meist weniger ein Indiz für das Unverständnis ihres Autors als für sein allzu genaues Bescheidwissen über das, was in solchen Texten zu lesen steht; eben deshalb muß es so heftig geleugnet werden. Nicht anders geleugnet, als in der folgenden Passage des Dialogs „Tauben und Wölfe" aus dem Band „Zu keiner Stunde" geleugnet wird, auf den es der zitierte Rezensent abgesehen hatte. Darin laden ein sogenannter Sektierer und seine Frau ein Mädchen per Postkarte in ihr adrettes Häuschen ein, überraschen es mit einem Carepaket aus Kalifornien, verlocken es auf diesem Überrumpelungswege dazu, sie zu ihrer nahegelegenen Geflügelfarm zu begleiten, bewegen es, offenbar vermöge der Fallenstellerei ihrer merkwürdigen Andeutungen und zudringlichen Fragen, dazu, sich in eine Taube zu verwandeln (zuerst verwandelt sich sein verwirrtes „Warum? Warum?"-Gestammel in Taubengurren!), sperren es vorderhand zu Zähmungszwecken in das ausgepackte Carepaket und verleiben es endlich ihrer Geflügelfarm ein.

(Schreien vom Fluß herauf.)
MÄDCHEN: Was ist das?
FRAU: Nichts.
SEKTIERER: Kinder, die auf der Zille unten spielen.
FRAU: Rangen!
1. KIND (fern, aber deutlich): Wer fürchtet sich vor Schnee und Eis?
DIE ANDERN: Niemand!
1. KIND: Wer freut sich auf Schnee und Eis?
KINDER: Alle!
1. KIND: Wer hat Wölfe gesehen?
KINDER: Wir!

(Poltern auf Holz, als liefen sie davon, die Stimmen entfernen sich.)
MÄDCHEN: Wölfe?
SEKTIERER: Sie spielen es immer unten auf der Zille.
FRAU: Sie können es nicht lassen.
SEKTIERER: Seit einmal drüben am andern Flußufer zwei Wölfe gesehen wurden.
MÄDCHEN: Wirkliche Wölfe?
SEKTIERER: Wahrscheinlich eine Luftspiegelung.
FRAU: Ein Gerücht.
SEKTIERER: Es ist auch schon lange her.
MÄDCHEN: Ich habe nie davon gehört.

Mit diesen Dialogen, die sie, der inneren Logik ihrer Schreiberfahrung folgend, entwickelte, hat Ilse Aichinger eine Kunstform gefunden, mit der kaum ein anderer zeitgenössischer Autor gearbeitet hat, jedenfalls nicht in dieser Weise. Erfunden hat sie den Dialog natürlich nicht; er gehört zu den klassischen Formen der abendländischen Literatur. Doch findet bei Ilse Aichinger, anders als in der Tradition von Platon bis Diderot, keine diskursive Problemerörterung auf gleicher Ebene mehr statt, sondern eine höchst alltägliche Konfrontation diverser divergierender Überreste ehemals intakter Welt- und Lebensanschauungen in ihrer ganzen Skala vom Märchen bis zum philosophischen System, deren jeweiliger Zusammenhang längst verlorengegangen und offensichtlich auch nicht mehr von Interesse ist. Von Interesse ist der je verfolgte Zweck, die je verfolgte Absicht, in die solche kaum bewußt verwendeten Restposten eingespannt werden, unbekümmert darum, wie sehr sie jeder einzeln dem anderen widersprechen. Das heißt, es findet – auf frappierende Weise – Alltagssprache statt in diesen Dialogen. Allerdings: indem sie so scheinbar protokollarisch vorgezeigt wird, entlarvt sie sich auch als eine solche; und indem sie, mit Kunstverstand herausgeschnitten aus dem Endlosprodukt des Alltagsgeredes und jeweils auf wenige Buchseiten begrenzt, immer etwas zutage fördert, was im Fluß des Alltags gewöhnlich im Unterstrom verborgen bleibt, tritt ihr wahrer Zustand in Erscheinung: als ein zerrütteter.

An der eben zitierten Dialogpassage lassen sich einige der besagten Restposten mühelos ablesen, und so gesehen ist dann auch der – wiederum, wie in der „Spiegelgeschichte“, dramaturgisch sorgfältig vorbereitete – Übersprung ins Weltsystem der Märchen und Legenden mit der Verwandlung eines schüchternen und ahnungslosen Mädchens in eine zahme Taube kein so großes Wunder mehr.

Kein Argwohn gegen Symbolismus, Mystizismus, Hermetik ist da am Platze, sondern es verhält sich gerade umgekehrt: der Wirklichkeit genannte Alltag erweist sich in dem Augenblick, in dem eine kleine, pointiert gewählte Ausschnittvergrößerung vorführt, was da gespielt wird, als eben das „vernunftwidrige Schweigen der Welt“, auf das die absurde Prosa reagiert. Vielleicht ist „Ausschnittvergrößerung“ aber das falsche Wort; vielleicht ist es mehr die Überzeichnung einzelner Elemente in der Zufälligkeit eines einmal gewählten Ausschnitts, die jeweils eine Deformation, auf die das Auge des Künstlers gefallen ist, dann besonders heraustreibt.

Es soll in diesem Zusammenhang nicht unerwähnt bleiben, daß mit dem Dialog „Tauben und Wölfe“ mindestens zwei Fragen, und nicht zum ersten Mal, gestellt sind, nämlich die schmerzliche und prinzipiell unbeantwortbare, die so viele Überlebende des nationalsozialistischen Judenmords nicht mehr hat schlafen lassen und schließlich noch Jahrzehnte danach in den Selbstmord getrieben hat (ich nenne nur Paul Celan, Peter Szondi, Jean Améry, Primo Levi): Wie es möglich war, daß so viele Millionen Menschen so stillschweigend und reibungslos ausgesondert, abtransportiert, eingesperrt, ausgeblutet, mißhandelt und umgebracht werden konnten; und die andere: wie es, in Maßen bis heute, möglich ist, daß Frauen, auch wohl noch immer nach Millionen zählend, erst verführt, dann überredet, am Ende verwandelt werden können in gefügige Tauben für die Geflügelfarm, ganz wie das Mädchen in Ilse Aichingers Dialog. Unerwähnt soll auch nicht bleiben, daß diese beiden Fragen etwas miteinander zu tun haben müssen.

Doch sind dies die – erlaubten – Assoziationen des Lesers, der Leserin des Dialogs „Tauben und Wölfe“; es ist damit überhaupt nicht gesagt, daß die Autorin „es so gemeint hat". Was sie meinen, wissen Autoren – glücklicherweise – sehr oft selber nicht. Sie haben etwas gesehen, gehört, bemerkt und aufgeschrieben: und oft staunen sie selbst darüber, was die Leser daraus hervorholen und wovon sie keinerlei Ahnung hatten. Es muß aber darin gewesen sein, sonst könnte es keiner herausholen. Was aber immer einem Leser oder einer Leserin dazu einfallen mag: die Dialoge der Ilse Aichinger gehen in solchen Assoziationen nicht auf. Sie schneiden, nicht anders als ihre Erzählungen und als schon ihr Roman „Die größere Hoffnung", tiefer als in die sozialkritische Haut. Sie rütteln vielmehr weiterhin an den Grundfesten der verabredeten Sprache, verwegener sogar jetzt, möchte man sagen, indem sie sich mitten hineinbegeben.

Eine ähnlich märchenhafte Verwandlung durch fabelhafte Überredungskünste wie in dem Dialog „Tauben und Wölfe" (man könnte sie auch eine poetische Simulation ideologisch gesteuerter Verführung nennen, was noch einmal von einer anderen Seite her die wütende Feindschaft jenes – seinerseits ideologisch gesteuerten – Rezensenten erklären würde) findet in Ilse Aichingers wohl berühmtestem Hörspiel „Knöpfe" statt, das im Dezember 1953 im Süddeutschen Rundfunk zum erstenmal gesendet wurde und als eine der schulemachenden Arbeiten für das deutschsprachige Hörspiel der fünfziger Jahre gilt. Als es – um das vorwegzunehmen, bevor wir uns wichtigeren Dingen zuwenden – 1957 in Berlin als Schauspiel uraufgeführt wurde, schloß ein Rezensent namens Schäfer seine Kritik in der Kölnischen Rundschau mit dem Satz:

> Bewundernswert bleibt der leerlaufende Elan, mit dem die sogenannten Avantgardisten (so nennen sie sich gern!) immer wieder versuchen, ein Publikum zur Selbstaufgabe zu veranlassen, das in seinem Alltag am Neubau einer Welt mitwirkt, in der Roboter die Knöpfe zählen sollen und der Mensch den Atem findet, sich wieder an den wahren Sinn des Lebens zu erinnern.

Zweifelhaft, ob der Rezensent seinen damaligen Schlußsatz heute, nach 30 Jahren, entziffern könnte als die Augenwischerei, als die sich seine schönen Worte inzwischen längst erwiesen haben. Ein Rezensent wie dieser oder der zuvor erwähnte ist auch ein Indikator für die Virulenz des Textes „Knöpfe", in dem junge Arbeiterinnen in einer Knopffabrik auf geheimnisvolle Weise eine nach der anderen verschwinden; wenig später erfolgt die Auslieferung einer neuen bezaubernden Knopfserie, die den Namen des je zuletzt verschwundenen Mädchens trägt.

Die gleichen Assoziationen wie bei dem Dialog „Tauben und Wölfe" sind hier möglich; und wenn man sich im Text des Hörspiels genauer ansieht, wie die jungen Sortiererinnen von dynamischen jungen Männern, die als Vertreter der Knopffabrik mit dem Verkauf der neuen Serien ihre lukrativen Provisionen machen, allmählich zugerichtet werden auf ihre eigentliche Aufgabe, sich zu kostbaren Knöpfen verarbeiten zu lassen („des Häftlings letzte Pflicht ist der Tod", schrieb später Jean Améry), mit welcher Mischung aus Einschüchterung (mit drohender Arbeitslosigkeit), Aufmunterung (durch raffinierten Charme), Exklusivität (per Wahrnehmung der Besonderheit der Person, wenn anders kein Zugang); aus Strenge (das Geschäft verlangt selbstverständlich Überstunden und Sonntagsarbeit), Kumpanei (wir sind hier fast eine Familie) und endlichem Zugriff („Dann hätten wir dich") – wenn man das alles näher betrachtet, dann legt es sich tatsächlich nahe, die beiden an den Dialog „Tauben und Wölfe" geknüpften Fragen miteinander in Zusammenhang zu bringen.

Das Vehikel der Verwandlung ist also wiederum die Kunst der Überredung (die übrigens mit dem Mädchen Ann, mit dessen Eintritt in die Fabrik das Hörspiel beginnt, nicht gelingt, dank dem Beistand eines Menschen, der sie liebt; doch gelingt ihr umgekehrt trotz aller Anstrengung auch nicht die Aufdeckung des geheimnisvollen Verschwindens ihrer Kolleginnen). Doch das erklärt zunächst nur psychologisch ein Phänomen, das keineswegs allein in den Dialogen und Hörspielen der Ilse Aichinger auftaucht, sondern in vielen anderen Hörspielen der fünfziger Jahre auch, wenngleich auf sehr verschiedene Weise: in Günter Eichs „Tiger Jussuf" zum Beispiel (Erstsendung 1952), in Ingeborg Bachmanns „Zikaden" (Erstsendung 1955), in Wolfgang Hildesheimers „Herrn Walsers Raben“ (Erstsendung 1960). Sie alle leben von solcher Verwandlungskunst, von solch märchenhaft unalltäglichen Ereignissen. Allerdings war diese Verwandlungskunst wenige Jahre zuvor einmal ein schauerlich alltägliches Ereignis gewesen. Paul Celan hat in seinem Gedicht „Todesfuge“ ganze fünf Zeilen dazu gebraucht, sie dem Gedächtnis der Menschheit einzugraben:

> ein Mann wohnt im Haus dein goldenes Haar Margarete
> dein aschenes Haar Sulamith er spielt mit den Schlangen
> Er ruft spiel süßer den Tod der Tod ist ein Meister aus Deutschland
> er ruft streicht dunkler die Geigen dann steigt ihr als Rauch in die Luft
> dann habt ihr ein Grab in den Wolken da liegt man nicht eng

Von solchen alltäglich-unalltäglichen Ereignissen, von solcher Verwandlungskunst leben alle diese Dialoge und Hörspiele. Und offenbar kam ihr die Erfindung eines neuen Mediums für die Literatur dabei auf einzigartige Weise entgegen: die Erfindung des Radios. Denn wie kein anderes verlangt dieses Medium den Verzicht auf das Bild, auf das unmittelbar Sichtbare. Figuren müssen übersetzt werden in Stimmen, und nur über Stimmen und ihren akustischen Raum kann die Imagination des Hörers in Gang gesetzt werden. Die Veranstaltung ist eine vom gesprochenen Wort zum hörenden Ohr, und zwar zum je einzelnen vom je einzelnen. Separation ist ihr Gesetz, der Aufbau der Hörszene aus lauter Einzelheiten. Ihre ganze Stärke besteht, so hat der wohl namhafteste Nestor des deutschsprachigen Hörspiels und Features, Ernst Schnabel, einmal bemerkt anhand einer Analyse des ersten Hörspiels der Literaturgeschichte, das im Januar 1924 von London aus gesendet wurde – „Comedy of Danger“ von Richard Hughes –, ihre ganze Stärke besteht gerade in der entschiedenen Abwendung von der Schaubühne.

Es lohnt sich, bei diesem ersten Hörspiel und Ernst Schnabels Analyse einen Moment zu verweilen. Schnabel hat versucht, Richard Hughes' Exposé zu rekonstruieren, mit folgendem Ergebnis:

Personen und Ort der Handlung: Einige Bergleute auf Sohle X der Zeche Y.
Dramatischer Zwischenfall: Die Schachtbeleuchtung fällt aus, infolge Kurzschlusses.
Die Folgen: Bestürzung – Angst – Panik. (Es erweist sich, daß selbst die totale Finsternis noch etwas Licht enthält, gemessen an den Schreien, die sie hervorruft.)
Ergebnis: Keines, denn die Beleuchtungsanlage funktioniert plötzlich wieder und der Spuk ist aus – es sei denn, man hielte das betretene Gelächter der Bergleute angesichts der Entdeckung, daß sich Gewissen so wenig wie Finsternis bei Licht besehen läßt, doch für ein Ergebnis.

Es fällt an diesem Exposé der kühle Lakonismus auf, den Schnabel in seinem Rekonstruktionsversuch sicher auch besonders hervorheben wollte: etwas sehr Englisches. Doch durch das *understatement* – das unter den deutschsprachigen Hörspielautoren vor allem Günter Eich und Wolfgang Hildesheimer aufgenommen und mit Fleiß verwendet haben, doch finden sich auch bei Ilse Aichinger Spuren davon – scheint so deutlich wie verschwiegen eine hoch angesetzte Moralität und eine ebenso hoch angesetzte bissige Kritik hindurch, was in England ebenfalls eine große Tradition hat. „Hughes hat in Wahrheit nicht nur die Tauglichkeit der Maschine Radio für eine besondere, sehr grazile und höchst anspruchsvolle dramatische Produktion bewiesen", schrieb Ernst Schnabel in seinem Essay „Im Rampenlicht der Finsternis" (gedruckt im Fischer-Taschenbuch Nr. 378 „Hörspiele", 1961), „er demonstrierte auch den Mechanismus ihrer Wirkungen, Stufe für Stufe: Er ließ das Licht versagen, und auf der Szene begann zu agieren, was nichts als Stimme hat." Und weiter unten fährt er fort:

Was nichts als Stimme hat, gewann im Rampenlicht der Finsternis Gestalt, der Hörer wurde zum Regisseur, Dramaturgie und Psychologie verschmolzen in eins. Unter so sonderbaren Verhältnissen mußte es unvermeidlich zu sonderbaren Handlungen kommen. Bestürzung, Angst und Panik sind im Exposé notiert, Aktionen der Kopflosigkeit, und das betretene Gelächter der Bergleute als Reaktion am Ende. Die „Personen" des Stücks reagierten also nur noch, und wer agierte? Waren es gar nicht die Bergleute, die sich in der Finsternis vernehmen ließen, hat „es" geredet (aus ihnen natürlich), schrie „es" in Panik auf? Kaum zu sagen; das Kopflose ist schwerlich zu identifizieren. Auf alle Fälle erwies sich in der Komödie der eingebildeten Gefahr, daß Person und Stimme nicht im selben Grade identisch sind wie Person und Gesicht. Die Stimme ist ein Ausdrucksversuch der Person. In der Finsternis löste sich der vage Zusammenhang, ein Unterschied entstand, ein Spalt, der schnell wuchs, und das Hörspiel zeigte, wieviel sich da einschleichen kann.

Auch das war gut englisch formuliert und ließ dem Leser Spielraum, der auszufüllen war. Hier wurde er nicht anders zum Mitschreiben aufgefordert als der Hörer des Hörspiels zur Regie: Er hatte Leerstellen auszufüllen, die ihm eigens gelassen, ja, aufgedrängt wurden. Fragen wurden gestellt, aber nicht beantwortet: ganz wie in den Texten der Ilse Aichinger. Sie sollten aber beantwortet werden, von jedem Leser, von jedem Hörer einzeln. Sie waren alles andere als rhetorisch.

Es war da offenbar eine eigenartige Koinzidenz zu verzeichnen zwischen den Erfordernissen eines neuen Mediums, nämlich der Umpolung vom Sehen zum Hören, und den Schreiberfahrungen einer Schriftsteller-Generation, die im zweiten, dritten und vierten Jahrzehnt dieses Jahrhunderts geboren wurde und die Stufen des Entsetzens angesichts der politischen Ereignisse parallel zur eigenen biographischen Entwicklung erfahren hat: von den Kindern des Ersten bis zu den Kindern des Zweiten Weltkriegs. Und nicht nur der Schriftstellergeneration, sondern auch der entsprechenden Leser- und Hörer-Generation. Daß das Hörspiel in den fünfziger und frühen sechziger Jahren eine so große und seither nie wieder erreichte Resonanz hatte, hat damit sicher viel zu tun, und nicht nur, wie bis heute immer wieder behauptet wird, mit der übermächtigen Konkurrenz des Fernsehens seit der Mitte der fünfziger Jahre.

Das schnell gealterte neue Medium Radio verlangte Sprünge und eröffnete damit notgedrungen Leerräume, die sich allerdings in der ernstzunehmenden Literatur auch unabhängig von diesem Medium längst als notwendig erwiesen hatten. In diesen Leerräumen des Hörspiels konnte sich allerlei ansammeln, „einschleichen", wie Schnabel formulierte. Es konnte nun aber auch, umgekehrt, dahinein etwas eingeschleust werden. Zum Beispiel Verwandlungskünste von der Art wie in Ilse Aichingers Dialog „Tauben und Wölfe" und in ihrem Hörspiel „Knöpfe": Verwandlungskünste, die nur deshalb als märchenhaft, mystisch, enigmatisch, hermetisch, kurz, als unbegreifliche „Mätzchenmanie" denunziert werden konnten, weil ihre höchst reale Vorlage bereits verdrängt war oder verleugnet wurde.

Der Koinzidenz der Schreiberfordernisse der Autoren und der Produktionserfordernisse des Hörspiels im Rundfunk aber verdanken wir, daß literarische Hörspiele nicht gegenstandslos sind ohne ihre Sendung. Sie sind lesbar und beim Lesen vorstellbar in der jeweiligen Regie des Lesers. Was der Hörer des Hörspiels hört, ist die Realisation der Imagination des Hörspielregisseurs als Leser: Es ist *eine* Version, eine von vielen anderen denkbaren.

Ilse Aichingers Hörspieltexte – von den 1953 erstgesendeten „Knöpfen" bis zum 1976 für den Österreichischen Rundfunk von Gert Westphal, 1977 von der Autorin selbst für den Süddeutschen und den Westdeutschen Rundfunk realisierten Hörspiel „Gare Maritime", das im Band „Schlechte Wörter" abgedruckt ist – sind keine Hörspiel-Partituren, sondern literarische Texte mit einem genauen Stellenwert im Werk der Autorin, angesiedelt und entstanden inmitten ihrer anderen Arbeiten: als eine der möglichen Spielarten absurder Dichtung im Sinne von Hildesheimer und Camus, zwischen Erzählungen, Dialogen und Gedichten (nachdem der Roman als Form offenbar nach dem Ausgang der „Größeren Hoffnung", der als Befund zur Kenntnis genommen werden mußte, kein zweites Mal möglich war). Gültiger, weil umfassender, offener und noch nicht festgelegt auf die Interpretation *eines* Regisseurs, werden sie als Text aufbewahrt werden, den jeder Leser in eigener Regie, besser oder schlechter, gleichviel, von neuem inszenieren wird. Es gehört zu diesen Texten und ist ihnen eigen wie den Dialogszenen und den Erzählungen auch, daß sie die Ergänzung des Lesers nicht nur herausfordern, sondern ihrer sogar bedürfen: damit das vernunftwidrige Schweigen der Welt, das sich in ihren Leerstellen eingenistet hat, doch wenigstens um ein Geringes reduziert werde – auch wenn oder gerade weil ein Autor vom Rang der Ilse Aichinger eine solche Erwartung nie aussprechen würde, vielleicht nicht einmal denken könnte.

Die Gedichte

Der Lesestoff ist grün
(Ilse Aichinger, Lesen)

Im Gegensatz zu Autoren wie Friederike Mayröcker, Ernst Jandl oder Helmut Heißenbüttel hat Ilse Aichinger nie Wert darauf gelegt, ihre Werke zu datieren. Ihr bisher einziger Gedichtband, „Verschenkter Rat“ – erschienen 1978, in ihrem achtundfünfzigsten Lebensjahr, übrigens zur großen Überraschung der lesenden Öffentlichkeit, der bisher nur einzelne ihrer Gedichte in Zeitschriften und Zeitungen begegnet waren und einmal einige mehr in ihrem 1963 erschienenen Sammelband „Wo ich wohne“ – enthält Texte aus fast zweieinhalb Jahrzehnten: eben die bisher verstreut und in besagtem Sammelband gedruckten, doch zum größten Teil bis dahin ungedruckte; geordnet nach dem Willen der Autorin unter Außerachtlassung ihrer Entstehungszeit, die auch im Inhaltsverzeichnis nicht angegeben ist. Alle Gedichte aus dem Band „Wo ich wohne“ sind in den ersten Teil des Gedichtbuches eingearbeitet, alle unverändert bis auf ein einziges, überschrieben „Teil der Frage“, dessen drei letzte Zeilen durch zwei neue ersetzt sind. Es sind aber nirgends musikalische, rhythmische, stilistische Brüche zu erkennen; es herrscht in allen Texten der strenge, kindlich apodiktische Sprachgestus, wie er auch allen anderen literarischen Formen eigen ist, die Ilse Aichinger in vierzig Jahren dichterischer Arbeit durchgespielt hat: in den Erzählungen, Dialogen, Hörspielen, Prosatexten, und schon in ihrem ersten Buch, dem Roman „Die größere Hoffnung“.

Ilse Aichingers Weg vom Roman über die Geschichten, Dialoge, Hörspiele, Prosatexte zu den Gedichten wäre schön handlich darstellbar nach dem Modell eines Trichters, also einer fortgesetzten Reduktion allein von der Textmenge her, einem Modell, dem sich die im Herbst 1986 zu ihrem fünfundsechzigsten Geburtstag in der Neuen Rundschau veröffentlichten Tagebuch-Aufzeichnungen, deren keine drei Zeilen überschreitet, mühelos einordnen ließen. Nur ist es so einfach eben nicht, da wir hier, in dem Band „verschenkter Rat", neunundachtzig Gedichte aus vierundzwanzig Jahren vor uns haben, aus der Zeit zwischen 1955 und 1978, was heißt, daß die frühesten vor der Veröffentlichung des Dialoge-Bandes „Zu keiner Stunde" (1957) entstanden sind und die letzten nach dem Band „Schlechte Wörter" (1976), der Prosa und das Hörspiel „Gare Maritime" enthielt. Die Reduktion, die in diesen Gedichten stattgefunden hat, ist von ähnlicher Art wie in den anderen literarischen Texten auch; nur wird sie in stärkerem Maße sichtbar bei der Kürze und oft atemraubenden Knappheit der Lyrik.

Abzulesen ist daraus wenig mehr, als daß die Autorin als Gedichtschreiberin etwa so verfahren sein muß wie das Ich in ihrem Prosatext „Schlechte Wörter", das vier Seiten lang mit der Wendung „Der Regen, der gegen die Fenster stürzt" rang und am Ende bei dem scheinbar tautologischen, in Wahrheit aber durchaus produktiven Ergebnis ankam, das schon im vorigen Kapitel einmal zitiert wurde, dem Leser hier aber noch einmal ins Gedächtnis zurückgeholt werden soll:

„Der Regen, der gegen die Fenster stürzt", da haben wir ihn wieder, den lassen wir, der läßt alles in seinem unzutreffenden Umkreis, bei ihm bleiben wir, damit „wir" wir bleibt, damit alles bleibt, was es nicht ist, vom Wetter bis zu den Engeln.

So läßt es sich leben und so läßt es sich sterben und wem das nicht ungenau genug ist, der kann es in dieser Richtung ruhig weiter versuchen. Ihm sind keine Grenzen gesetzt.

„Damit alles bleibt, was es nicht ist" – ein Satz, der nicht nur die Gedichte von Ilse Aichinger kennzeichnet, sondern, so scheint es, auch den Umgang der Autorin mit ihnen: Sie hat sie gelassen, „vom Wetter bis zu den Engeln", und irgendwann eingesammelt und vorgezeigt. So oder ähnlich könnte es gewesen sein. Vorgezeigt, als genug beisammen war, ohne namhaften Jäger- und Sammlertrieb.

Es scheint so, muß ich wiederholen. Denn leicht fällt ein zu naiver Betrachter auf falsche Vorstellungen herein, die er sich von sympathischen Autoren macht. Doch entspräche solche Gelassenheit sehr dem unbestechlichen Gestus dieser Gedichte, die sich in keiner Weise um irgendwelche literarischen Moden kümmern oder gar um eine gerade gängige Psychologie; sie stehen für nichts als sich selbst, „gewissermaßen absolut, als sprachliches Abbild innerer Erfahrung", wie Elsbeth Pulver in ihrer Rezension des Bandes „Verschenkter Rat" im Dezember 1978 in der „Neuen Zürcher Zeitung" schrieb.

„Damit alles bleibt, was es nicht ist" – ein Satz, gebaut nach dem Muster einer logischen Begründung, gesetzt mit dem Gestus der Unwiderlegbarkeit, doch sogleich aus seinen eigenen Angeln gehoben durch die unerwartete Negation am Schluß. Übrig bleibt die reine Bewegung, und übrig bleibt der Satz auf dem Papier. Von solcher Art sind auch die Gedichte der Sammlung „Verschenkter Rat". Sie beginnt mit dem Text „Gebirgsrand", der da auf der ersten Seite steht wie eine Zueignung.

Gebirgsrand

Denn was täte ich,
wenn die Jäger nicht wären, meine
  Träume,
die am Morgen
auf der Rückseite der Gebirge
niedersteigen, im Schatten.

Ein Gedichtband hebt an mit einem Begründungssatz: so, als sei ein anderer Satz voraus-, aber verlorengegangen. Solche Gedichtanfänge sind freilich nicht neu; es gibt sie, zum Beispiel, auch bei Rilke, bei Brecht, beim späten Hölderlin. Doch initiieren sie je etwas anderes, wenngleich sie alle zunächst einmal einen Schwebezustand herstellen „zwischen mir und mir selber", wie es in Ilse Aichingers Gedicht „Kleine Summe" heißt, und in einer 1986 veröffentlichten Tagebuchaufzeichnung entsprechend: „Man kann nicht zugleich mit sich leben". Es geschieht auch in diesem Gedicht „Gebirgsrand" und in allen folgenden das, was Ernst Schnabel am Hörspiel beobachtete: „... ein Unterschied entstand, ein Spalt, der schnell wuchs" – so wie hier die Jäger, die Träume „auf der Rückseite der Gebirge / niedersteigen, im Schatten", dem Blickfeld entschwinden, abhanden kommen. Und doch sieht man sie niedersteigen, und sogar soll ausgemacht sein, daß es ein Abstieg im Schatten ist. Je länger man aber hinsieht auf das Bild, das der Text entwirft, desto weniger ist ihm zu trauen. Die „Rückseite der Gebirge" – wo ist sie, und welche Gebirge überhaupt, und von wo aus gesehen? „Damit alles bleibt, was es nicht ist, vom Wetter bis zu den Engeln", wird auch hier mit der präzisen Ungenauigkeit gearbeitet, mit dem Plural der Gebirge, der sich dem „Gebirgsrand" im Titel entgegenstellt, mit der Setzung, auf der Rückseite der Gebirge sei Schatten, mit der völlig intakten Syntax des Textes, die dem gar nicht so geheuren Vorgang zuwiderläuft. Indem so dem unverläßlichen Zustand der Welt Rechnung getragen wird und dem Zustand des sprechenden Ich, das von seinen Träumen verfolgt, aber auch am Leben erhalten, das heißt verschont bleibt durch ihre Arbeit, ist ein Text von großer Musikalität entstanden, von einer großen poetischen Kraft, der nun seinerseits wiederum allen Widersprüchen widerspricht, sie fast wieder aufzulösen scheint. Aber nur scheint. Der Gedichtband schließt mit dem Vierzeiler „In einem":

> Und hätt ich keine Träume,
> so wär ich doch kein anderer,
> ich wär derselbe ohne Träume,
> wer rief mich heim?

Von dieser Art sind diese Gedichte: Variationen des immer gleichen Themas oder, wie Elsbeth Pulver es genannt hat, der (immer gleichen) „inneren Erfahrung".

Neben dem Gedicht „Gebirgsrand" ist mein liebstes in dem Band „Verschenkter Rat" das fast ebenso kurze mit dem Titel „Lesen".

Lesen

Der Lesestoff ist grün,
fällt ein durch quadratische Fenster,
bleibt auf dem Fliesenstein
im Vorflur liegen,
weit von den Rhododendren,
erst Nachmittag.

Kürzer als in der ersten Zeile dieses Textes ist kaum abzubilden, wie man es anstellen kann, daß „alles bleibt, was es nicht ist", was noch von keiner Kenntlichkeit entstellt ist. Wie es jeder Leser von sich selber kennt, liest hier einer und liest nicht, das heißt er liest, aber etwas anderes als die Buchstaben, die er vor sich hat, und deren Mitteilung. Er liest die Buchstaben nur technisch, eigentlich aber die Zwischenräume oder den Raum dahinter; er schweift ab, mit anderen Worten. Nicht anders übrigens als der Kommerzienrat Rimböck in Günter Eichs Hörspiel „Der Tiger Jussuf", der abends in Gesellschaft seiner Frau Ottilie Zeitung liest.

Ottilie: Wann hast du die Zeitung ausgelesen?
Rimböck: Ich lese sie nicht, Ottilie.
Ottilie: Dann leg sie weg.
Rimböck: Du mißverstehst mich. Ich muß durchaus hineinschauen.
Ottilie: Um mich zu kränken.
Rimböck: Um nicht zu lesen, Ottilie. Was wäre das Nichtlesen, wenn ich nicht hineinschaute?
Ottilie: (bricht in Tränen aus).
Rimböck: Weine nicht! Ich könnte auch behaupten, ich lese; es kommt auf den Standpunkt an. Du meinst doch die kleinen schwarzen Kringel, die man Buchstaben nennt?
Ottilie: Wie?
Rimböck: Sei versichert, daß du sie meinst. Aber die schaue ich nicht an. Ich lese das Weiße drumherum.
Ottilie: Das Weiße?
Rimböck: Es ist schwierig, aber ich gebe die Hoffnung nicht auf, etwas Mitteilenswertes zu finden.

Da ist also wieder der Spalt, von dem Ernst Schnabel sprach, und er wächst schnell. Weitaus schneller als in Günter Eichs Hörspielszene in Ilse Aichingers Gedicht „Lesen". Der Raum hinter den Buchstaben macht sich selbständig, tritt sozusagen in Aktion, „fällt ein", „bleibt auf dem Fliesenstein / im Vorflur liegen". Man hat ein Gemälde vor Augen, ein Stilleben; es wird wohl Sommer sein, Sonne muß da sein und Schatten und Grün. Dann am Ende, wie hinterrücks eingefallen, die Trauer: „erst Nachmittag". Die Idylle erweist sich jetzt als trügerisch; es ist ein schleichender Tag, ein nur unter Qualen zu bestehender. Die schöne Optik ist die von einem, der „der Welt abhanden gekommen" ist – wie in Friedrich Rückerts von Gustav Mahler vertontem Gedicht. Und doch verdanken wir dieser Optik ein vollendetes kleines Gedicht, zusammengesetzt aus lauter virtuellen Einzelheiten.

Das Gedicht „In und Grimm", auch eins der kürzeren in der Sammlung „Verschenkter Rat", ist eine Verlustanzeige und entsprechend auf einen anderen Ton gestimmt als die beiden bisher betrachteten.

In und Grimm

Auf euch will ich mich versteifen,
wenn der jüngste Richter kommt
und will ihn fragen:
weshalb hast du mich nicht geweckt,
damals im Juli,
wo warst du,
als die beiden Wilden ertranken,
meine Rotfelle und deine,
von denen eines hoffte,
das andere nicht?

Man hört hier wieder Ilse Aichingers allererste literarische Figur reden und rechten, die halbwüchsige Ellen aus dem Roman „Die größere Hoffnung". Eingeklagt wird der Verlust zweier Wörter, die in der Titelzeile zusammengezogen sind: der Wörter Ingrimm und Grimm, „von denen eines hoffte, das andere nicht". Das Gedicht ist eine Anklage, nein, mehr und zugleich weniger: der Entschluß zu einer Anklage. Dem Entschluß, beim Jüngsten Gericht dem „jüngsten Richter" Anzeige zu erstatten, ihn haftbar zu machen, mit ihm zu rechten über die Verantwortung für „meine Rotfelle und deine" – diesem Entschluß verdankt sich das Gedicht. Auch Hiobs Klagelied besäßen wir nicht, wenn er nicht bis aufs Blut gerechtet hätte mit seinem Gott über sein Elend. „Weshalb hast du mich nicht geweckt", so lautet die Anklage, „damals im Juli, / wo warst du, / als die beiden Wilden ertranken". „Damals im Juli" – das kann ein persönliches Ereignis sein, das dem anklagenden Ich die Sprache verschlagen hat, aber es können auch Daten gemeint oder mitgemeint sein, die die Geschichte verzeichnet: der Beginn der Französischen Revolution zum Beispiel oder das Hitler-Attentat 1944, Ereignisse, an denen Ingrimm und Grimm, die beiden „Rotfelle", die „Wilden" beteiligt waren wie an deren furchtbar falschen Folgen, in deren Blut sie „ertranken". Angezeigt ist der Verlust schon im Titel, in dem eins der beiden Wörter nur noch zur Hälfte erscheint und der Ergänzung durch den Leser bedarf.

Ein ähnlicher Gestus und subversiver Gegenangriff auf die geordnet sich gebende Welt steckt in dem vierzeiligen Gedicht „Nachruf", in dem eine Heldenlegende zu Grabe getragen und neu entworfen wird.

Nachruf

Gib mir den Mantel Martin,
aber geh erst vom Sattel
und laß dein Schwert, wo es ist,
gib mir den ganzen.

Auch hier soll alles auf den Kopf gestellt sein: „damit alles bleibt, was es nicht ist". Der glänzende Ritter, dem erst der Bettler zu seinem Glanz verhalf, steht nun, dem „plebejischen Blick" ausgesetzt, eher halbherzig da und mit zu groß geratener Geste. Mißtrauen gegen seine Güte ist angezeigt, das Anrecht auch des Schwächeren wird eingeklagt. Das Wort „Schwert" ist ein anderes in diesem Gedicht als das Wort „Schwert" in der Legende, auch hoch zu Roß heißt hier etwas anderes als dort („aber geh erst vom Sattel"). Der Gestus dieser Texte ist der Gestus der Halbjüdin Ellen aus der „Größeren Hoffnung" und der Gestus der Autorin des „Aufrufs zum Mißtrauen" im Jahr 1946, von dem im ersten Teil dieses Buches die Rede war.

Am stärksten ausgeprägt, bis zur Heftigkeit, ist dieser Gestus im dreiteiligen Titelgedicht, dem vorletzten und einem der rätselhaftesten des Bandes. Sein Leser muß sich unablässig auf neue Ebenenwechsel einlassen, und offenbar ist es auch ein ungeduldiger Mensch, der da seinen Rat verschenkt, mißtrauisch, ob er angenommen werden kann, denn das Wort „verschenkt" ist ja durchaus zweideutig. Auch befindet er sich wohl ebensowenig wie der „Kleine", dem er seinen Rat verschenkt, auf freiem Fuße; die „Blattkehrer" im ersten Teil des Gedichts, der „fremde Thorax im Garten" und die Mauer im zweiten Teil, die „Laufzeiten" im dritten deuten auf eine Klinik, ein Sanatorium, möglicherweise sogar auf eine Anstalt hin. Doch hier jetzt zuerst das Gedicht:

Verschenkter Rat

I

Dein erstes Schachbuch,
Ibsens Briefe,
nimms hin,
wenn du kannst,
da, nimm schon
oder willst du lieber
die Blattkehrer
von deiner Wiese treiben
und Ibsens Ziegen
darauf,
gleich weiß, gleich glänzend?
Es gibt Ziegen und es gibt Ibsens Ziegen,
es gibt den Himmel und es gibt eine
spanische Eröffnung.
Hör gut hin, Kleiner,
es gibt Weißblech, sagen sie,
es gibt die Welt,
prüfe, ob sie nicht lügen.

II
Und frag sie,
was der fremde Thorax
im Garten soll,
schon versteinert,
der erste in diesem Frühling
zwischen den Brombeerhecken,
Mäusen
und der Mauer,
an die das Wasser
für uns schlägt,
was er dem Garten nützt.
Ob er ihn nötig hätte,
unseren Garten,
oder der Garten ihn.

III
Und
daß uns etwas zugetragen wurde
von Laufzeiten.
Ob die mit Lauf, mit Läufen zu tun hätten,
mit Läuften, mit den Zeiten
oder mit nichts davon.

Am Anfang des Textes sollen Bücher als Bücher hingenommen werden („wenn du kannst"), aufregende Bücher, ein Schachbuch (ein Taktik-Lehrbuch also), ein Band Ibsen-Briefe (worin sich eine Lebenstragödie aufhält): hingenommen als etwas, das sich nicht wieder aufrebbeln, nicht ins Leben zurückübersetzen läßt, als etwas, dessen Urtext verlorenging. In den nächsten Zeilen wird vorgeführt, wie absurd der Versuch einer Rückübersetzung ins Leben wäre („Ibsens Ziegen" auf „Deiner Wiese"), in den folgenden dann aber gleich, wohin das strenge Wegsortieren der Einzelheiten („Es gibt Ziegen und es gibt Ibsens Ziegen") führt: „es gibt Weißblech, sagen sie, / es gibt die Welt". Das ursprünglich vernünftige Sortierverfahren (Aufklärung) führt alsbald zum Alleinvertretungsanspruch

(„es gibt die Welt" – man darf ergänzen: und sonst nichts). Darauf wird im Gedicht der Rat verschenkt: „prüfe, ob sie nicht lügen". Mißtrauen wird geraten. Der zweite und der dritte Teil des Gedichts machen Vorschläge, den Rat anzuwenden: Vorschläge, die zunächst absurd klingen, nach wiederholtem Lesen in sich durchaus plausibel, zum Schluß und aufs Ganze gesehen aber dann doch wieder dem Wettlauf des Hasen mit dem Igel verzweifelt ähnlich.

Und so kommen wir ein weiteres Mal beim Ende des Prosastücks „Schlechte Wörter" an:

„Der Regen, der gegen die Fenster stürzt", da haben wir ihn wieder, den lassen wir, der läßt alles in seinem unzutreffenden Umkreis, bei ihm bleiben wir, damit „wir" wir bleibt, damit alles bleibt, was es nicht ist, vom Wetter bis zu den Engeln.

In dieser Weise ist der Rat also verschenkt. Aber da steht das Gedicht, und also ist er doch nicht verschenkt. Oder: verschenkt und verschenkt.

Ähnlich geht es zu in dem Gedicht „Tagsüber". Es beginnt mit den Zeilen: „Ein ruhiger Junitag / bricht mir die Knochen" und endet mit der Zeile: „Bleib, lieber Tag".

In dem Gedicht „Kleine Summe", das insgesamt eine Anfrage an unser Verhältnis zur Geschichte ist, stehen die Zeilen: „Keine Verbindung erwirkt / zwischen den segelnden Napoleonsverehrern, / sie warten noch immer"; und weiter: „auch die Gemeinde der Flaubertisten / noch immer nicht endgültig / zu unterstützen bereit gewesen, / kein Leuchtzeichen entdeckt / zwischen mir und mir selber." Hier treffen wir den Ton der fast heiteren Spötterin Ellen in dem wunderbar anarchischen Romankapitel „Flügeltraum" noch einmal wieder an, und versucht wird hier, auf den Graten der Sprache, eine Wanderung zwischen den Welten der fröhlichen Heldenverehrer, die sagen „es gibt die Welt", und der traurigen Narren, der „Flaubertisten", die am liebsten ein Buch über nichts schrieben, der Dichter mit anderen Worten. In keiner der Welten ist das Ich des Gedichts aber gemeindefähig, nicht einmal mit sich selbst: „Kein Leuchtzeichen entdeckt / zwischen mir und mir selber". In anderen Gedichten wird über diese Wanderung zwischen den Welten nicht wie hier berichtet, sondern sie wird durchgespielt in einmal, vielleicht nur sekundenlang, gesehenen Bildern, die sich dann entfalten und entwickeln. Ein solches Gedicht ist „Schneeleute".

Schneeleute

Ich mische mich nicht leicht
unter die Fremden aus Schnee
mit Kohlen, Rüben, Hölzern,
ich rühre sie nicht an,
solang sie heiter prangen,
manche mit mehr Gesichtern
als mit einem.
Wenn dann die Kohlen
und die Rüben fallen,
Knöpfe, Knopfleisten,
die roten Lippenbänder,
seh ich es steif mit an
und ohne Laut,
ich eile nicht zu Hilfe.
Vielleicht sprechen sie
das Mailändische
schöner als ich,
es soll nicht ans Licht kommen.
Und darum Stille,
bis dieses Licht sie leicht
genommen hat
mit allem, was sich da
zwischen mailändisch
und mailändisch verbirgt,
dann auch mit mir.

Ein Gedicht, das mit der „Lautlosigkeit der Wörter" sehr weit gekommen ist. Man könnte ihm das Motto überschreiben, das Ilse Aichinger über ihren kurzen poetologischen Text für die Reclam-Anthologie „Der Reiz der Wörter" gesetzt hat, der von der Lautlosigkeit der Wörter handelt und von dem im ersten Teil dieses Versuchs ausführlicher die Rede war – den

Satz von Joseph Conrad: „Nur zusehen – ohne einen Laut". So tut es das Ich des Gedichts, es sieht zu ohne einen Laut, und so intensiv, daß es sich am Ende des Textes mit dem Schwinden der Schneeleute im Licht auch selbst zum Verschwinden bringt, zum Verschwinden zwischen den Wörtern, die identisch sind – und nicht – „mit allem, was sich da / zwischen mailändisch und mailändisch verbirgt".

Das Gedicht „Baumzeichnen", mit dessen Betrachtung dieses Kapitel enden soll, reagiert offenbar auf ein vorausgegangenes Streitgespräch über realistisches Zeichnen. Es ist fünf Personen gewidmet, die alle den gleichen Nachnamen tragen, also mutmaßlich eine Familie sind und möglicherweise gemeinsam einen Zeichenkursus besuchen oder besucht haben. Insofern ist es ein Diskurs über Kunst. Doch geht es wie alle Texte von Ilse Aichinger höchst listig vor. Das darin sprechende Ich, das die mittlerweile hinreichend bekannte Skepsis gegenüber jeglichem Anschein von Verläßlichkeit der Welt mitbringt, läßt sich am Anfang des Gedichts auf die gegnerische Vorgabe ein, um alsbald, indem es nichts tut als sie konsequent weiterzudenken, ein unentwirrbares Knäuel von lauter höchst realistischen, doch hoffnungslos zusammenhanglosen Einzelheiten vorzuführen, das die – gemutmaßte – Vorgabe, die Realität an sich sei doch einfach und klar und übersichtlich, und so müsse sie sich auch abbilden lassen, ad absurdum führt.

Baumzeichnen
für Eva, Pia, Florian, Julian
und Manuel Aicher

Hier, jetzt
nehmt diese Zweige
und gebt ihnen recht,
bemalt sie, laßt sie hängen,
spannt sie aus,
laßt auch Mäuse daran
und was euch noch zukommt:
ruhige und zittrige Hände,
Dachse und Sprossen

und die Bitten für die Schwermütigen
eurer Brüder und Schwestern,
weiße und rote Nadeln,
alles so wie es ist
und so wie es nicht ist,
Schnee und Schlemmkreide,
eine Hilfe, aber keine Hilfe,
kein Trost, aber ein Trost.

„Damit alles bleibt, was es nicht ist, vom Wetter bis zu den Engeln", ist wohl auch dieses Gedicht geschrieben worden: mitsamt den Zeilen „alles so wie es ist / und so wie es nicht ist", die das Eingeständnis enthalten, ein gütlicher Ausgleich zwischen den beiden Welten könne nicht stattfinden. Dennoch ist es, samt diesen ihnen abgekehrten Zeilen, den Streitgenossen zugeeignet: als „eine Hilfe, aber keine Hilfe / kein Trost, aber ein Trost". Die Hilfe, ihnen das Vorstellungs- und Denkvermögen zu schärfen, ist keine, weil sie nicht aufgenommen werden kann. Also ist auch kein Trost. „Aber ein Trost" ist das ihnen gewidmete Gedicht als solches, die Tatsache des Gedichts sozusagen: geschrieben, „damit ‚wir' wir bleibt", wie es am Ende des Prosatextes „Schlechte Wörter" hieß; abgewonnen dem Spiel mit den Wörtern in der äußersten Form des Schweigens, der Lautlosigkeit. „Erst auf dieser Grundlage des lautlosen Zusehens, Zuhörens", sagt Ilse Aichinger am Ende ihrer eben und früher erwähnten poetologischen Überlegungen, „wird die Sprache wieder Laut gewinnen und die Wörter den Reiz, der eine späte Spielart der Notwendigkeit ist".

„Nur zusehen – ohne einen Laut", sagt Joseph Conrad.

Lebensdaten

1921 1.11. Geburt der Zwillinge Ilse und Helga Aichinger als Töchter einer Ärztin jüdischer Herkunft und eines (nichtjüdischen) Lehrers.
Erste Kindheitsjahre in Linz. Frühe Scheidung der Eltern. Aufgewachsen in Wien in der Obhut der mütterlichen Großeltern. Mutter im Staatsdienst als Schulärztin. Erzogen im katholischen Glauben. Besuch des Gymnasiums.

1938 Nach der Besetzung Österreichs durch die deutschen Nationalsozialisten Versuch der Familie, nach England zu emigrieren. Verweigerung eines Visums mit Arbeitserlaubnis für die Mutter. Emigration der Zwillingsschwester Helga nach England.
Ilse Aichinger bleibt in Wien zum Schutz der Mutter (den Rassegesetzen zufolge durften jüdische Mütter halbjüdischer Kinder vor deren Mündigkeit – mit 21 Jahren – nicht deportiert werden). Entfernung der Mutter aus dem Staatsdienst, Fabrikarbeit. Ilse Aichinger darf als „Mischling“ noch Abitur machen, wird aber nicht zum Studium zugelassen. Gelegenheitsarbeit, später Arbeitsdienst.

1942 Deportation der Großmutter.
Nach Mündigkeit der Tochter höchste Gefährdung der Mutter und (durch Verstecken der Mutter) der Tochter.
Erste Aufzeichnungen zum Roman „Die größere Hoffnung“.

1945 Medizinstudium in Wien.

1947 Abbruch des Studiums wegen der Arbeit an dem Roman.

1948 Der Roman „Die größere Hoffnung“ erscheint im Fischer Verlag Amsterdam/Wien.

seit 1950 Lektorin im Fischer Verlag Frankfurt und Mitarbeit an der von Inge Aicher-Scholl gegründeten Hochschule für Gestaltung in Ulm.

1951 Erste Teilnahme an der Jahrestagung der Gruppe 47 in Bad Dürkheim.

1952	Preis der Gruppe 47 bei der Jahrestagung in Niendorf/Ostsee für die „Spiegelgeschichte".
	Erzählungenband „Rede unter dem Galgen".
1953	Heirat mit Günter Eich.
	Übersiedelung nach Bayern, später in den österreichisch-bayerischen Grenzort Bayerisch-Gmain.
1954	Geburt des Sohnes Clemens Eich.
1955	Immermann-Preis der Stadt Düsseldorf.
1957	Geburt der Tochter Miriam Eich.
	„Zu keiner Stunde. Szenen und Dialoge".
	Literaturpreis der Freien Hansestadt Bremen.
1961	„Besuch im Pfarrhaus. Ein Hörspiel. Drei Dialoge".
	Literaturpreis der Bayerischen Akademie der Schönen Künste.
1963	„Wo ich wohne. Erzählungen, Gedichte, Dialoge".
1965	„Eliza Eliza. Erzählungen".
1968	Anton Wildgans-Preis.
1969	„Auckland. 4 Hörspiele".
1971	Nelly-Sachs-Preis.
1972	Tod von Günter Eich.
1974	Preis der Stadt Wien für Literatur.
1975	Roswitha-Medaille der Stadt Bad Gandersheim.
1976	„Schlechte Wörter. Erzählungen".
1978	„Verschenkter Rat. Gedichte".
	„Meine Sprache und ich. Erzählungen".
1979	Georg Trakl-Preis.
1982	Petrarca-Preis.
1983	Franz Kafka-Preis.
1984	Marie Luise Kaschnitz-Preis.
	Übersiedelung nach Frankfurt.
1987	„Kleist, Moos, Fasane. Erinnerungen, Notate, Reden".
	Europalia – Literaturpreis der Europäischen Gemeinschaft.

Werkverzeichnis

Die größere Hoffnung. Roman. Amsterdam: Bermann Fischer 1948. Neuausgaben: Frankfurt a.M.: Fischer 1974 (Taschenbuchausgabe) 1976, 1986.
Rede unter dem Galgen. Erzählungen. Wien: Jungbrunnen 1952. Neuausgabe: Der Gefesselte. Erzählungen. Frankfurt a.M.: Fischer 1953.
Zu keiner Stunde. Szenen und Dialoge. Frankfurt a.M.: Fischer 1957. Neuausgabe, erweitert um vier Dialoge: Frankfurt a.M.: Fischer 1980.
Besuch im Pfarrhaus. Ein Hörspiel. Drei Dialoge. Frankfurt a.M.: Fischer 1961.
Knöpfe. Hörpsiel. In: Hörspiele, hg. von E. Schnabel. Frankfurt a.M.: Fischer 1961.
Wo ich wohne. Erzählungen, Gedichte, Dialoge. Frankfurt a.M.: Fischer 1963.
Eliza Eliza. Erzählungen. Frankfurt a.M.: Fischer 1965.
Kleist, Moos, Fasane. In: Atlas. Zusammengestellt von deutschen Autoren, hg. von Klaus Wagenbach. Berlin: Wagenbach 1965, S. 273 ff. Neuausgabe: Berlin: Wagenbach 1979, S. 225 ff.
Auckland. 4 Hörspiele. Frankfurt a.M.: Fischer 1969.
Wien 1945. In: Städte 1945, hg. von Ingeborg Drewitz. Düsseldorf: Diederichs 1970.
Der letzte Tag. Hörspiel. In: Günter Eich. Gesammelte Werke. Bd. III. Frankfurt a.M.: Suhrkamp 1973, S. 851 ff. (1955 gemeinsam mit Günter Eich geschrieben).
Dialoge. Erzählungen. Gedichte. Stuttgart: Reclam 1971.
Schlechte Wörter. Erzählungen. Frankfurt a.M.: Fischer 1976.
Verschenkter Rat. Gedichte. Frankfurt a.M.: Fischer 1978.
Meine Sprache und ich. Erzählungen. Frankfurt a.M.: Fischer 1978.
Zum Gegenstand. In: Glückliches Österreich, hg. von Jochen Jung. Salzburg: Residenz 1978, S. 12 ff.
Die unmüden Schläfer. Szene aus einem Theaterstück. In: Neue Rundburg. Salzburg: Residenz 1978, S. 12 ff.

Spiegelgeschichte. Erzählungen und Dialoge. Leipzig, Weimar: Kiepenheuer 1979.
Knöpfe. Hörspiel. Mit Offsetlithogr. von Margarethe Keith. Düsseldorf: Eremiten-Presse 1980.
Moderne Erzähler. Ilse Aichinger. Paderborn: Schöningh 1980.
Die größere Hoffnung. Meine Sprache und ich. Verschenkter Rat. Roman. Erzählungen. Gedichte. Frankfurt a.M.: Fischer 1986.
Kleist, Moos, Fasane. Erinnerungen, Notate, Reden. Frankfurt a.M.: Fischer 1987.

Hörspielsendungen

Knöpfe. NWDR/SDR. 16.12. 1953.
Französische Botschaft. Dialog. BR. 20.5. 1960.
Weiße Chrysanthemen. Dialog. NDR. 4.1. 1961.
Besuch im Pfarrhaus. NDR. 16.3. 1962.
Die größere Hoffnung. Bearbeitung des Romans durch Hans-Bernd Müller. SR. 16.3. 1966.
Nachmittag in Ostende. NDR/SDR. 31.3. 1968.
Die Schwestern Jouet. BR. 18.7. 1969.
Auckland. NDR. 19.4. 1970.
Gare Maritime. ORF. 1976. SDR/WDR. 23.1. 1977 (Zweitinszenierung durch die Autorin).